陕西师范大学西北历史环境与经济社会发展研究院学术文库

陕西师范大学优秀著作出版基金资助出版

陕西师范大学一流学科建设基金资助

土地租金价格的现代解读

A Modern Interpretation of the Price of Land Rent

宋文飞◎著

人民出版社

目　录

第一章　研究背景和相关概念界定

第一节　研究背景

建立在市场化基础上的土地市场价格改革是未来趋势。2013年党的十八届三中全会关于《中共中央关于全面深化改革若干重大问题的决定》明确提出要完善主要由市场决定价格的土地价格机制。2020年《中共中央　国务院关于构建更加完善的要素市场化配置体制机制的意见》提出建立健全城乡统一建设市场的重要建议,未来土地价格的市场化趋向越发明显。建立在市场化基础上的土地价格机制对于优化土地资源配置、释放土地流转性、实现土地财富增值具有重大意义。然而,对于土地价格的现代解读不足,导致学术界对土地补偿标准的观点存在分歧。这就需要在客观上探讨"补偿"的标准究竟是什么,以何种标准才能反映土地的最优利益。目前,国内学者对土地资源补偿标准的看法不一,争论很多。在土地管制框架内讨论"补偿"的学者多提倡"私公兼顾"[①],在国

----

① 周诚:《我国农地转非自然增值分配的"私公兼顾"论》,《中国发展观察》2006年第9期。

家土地所有权的基础上提高土地补偿标准,提倡"适当补偿""折中补偿"等多种论点。而提倡农地完全产权的学者,如周其仁(2004)提出,我国应该按市价原则给予补偿,按照经济学的逻辑否认"涨价归公"。第一种定价策略是"折中"的方法,是一种考虑现实约束的渐进的思路,而后者从长远来看则是趋势。显然,后者是世界大部分发达国家采取的方法。

本书认为学术界对土地补偿标准的争论,本质上反映了学者对土地价格认识的不统一,这也是本书对土地租金价格进行现代解读的原因所在。本书对土地租金价格的解读建立在现代化产权和现代租金理论基础上,通过对产权、租金与价格的内在逻辑演绎,构建了土地租金价格的动态,最优模型,为土地补偿标准提供理论和应用参考。

第二节　相关概念界定

本书在文献综述和理论分析的相关章节中,将大部分概念融入理论分析中,如稀缺、租金、产权、"产权公共域"等,仍然有部分重要概念在研究中的含义需要进一步强调。

一、实际成本

本书所指的实际成本主要来自古典经济理论对租金和价格的定义中。亚当·斯密(Adam Smith)论述到,竞争趋向建立所生产商品的"自然价格",即以这样的价格"任何商品的价格既不多也不少,足够按照自然率(Nature Rate)支付土地的租金、劳动力的工资和所用存款的利润"。换句话说,任何生产出来的商品的价格,在完全竞争条件下将等于它的生产成本。生产成本就是投入及使用生产要素实际发生的成本。

二、机会成本

詹姆斯·布坎南(James M.Buchanan)在《帕尔格雷夫大辞典》(英文第二版,2008)中对机会成本进行了经典的定义和解释。他从稀缺与选择的关系出发,指出正是因为稀缺的存在才会面临选择,而选择的过程就意味着放弃。"机会成本就是放弃的某种商品的预期价值。"后来机会成本的概念对价格理论的发展产生了深远影响。国内学者章铮(1996)将机会成本定价思想引入国内,他指出"所谓机会成本,是指在其他条件相同时,把一定的资源用于某种用途时所放弃的用于其他用途时所能获得的最大收益"。因此,机会成本与实际成本是存在根本区别的。机会成本不是实际发生的成本,而是选择过程中放弃的最优收益。

三、交易成本

交易成本的概念是随着现代产权理论发展起来的一个重要概念。它是产权交易过程中产生的成本。科斯(Coase,1960)认为,交易费用是"为了进行市场交易,有必要发现谁希望进行交易,有必要告诉人们交易的愿望和方式,以及通过讨价还价的谈判缔结契约,督促契约条款的严格履行等";阿罗(Arrow,1969)认为,交易成本是经济制度运行的费用,包括信息费用和排他性费用、设计公共政策并执行的费用;巴泽尔(Barzel,1997)将交易费用明确地限定为"与转让、获取和保护产权有关的成本"。

四、土地资源

本书所指"土地"是将其视为一个系统整体的概念。考虑到土地作为一种资源同时也是其他自然资源的载体,本书引入"土地资源"的概念,即将土地作为一个"资源"的系统整体,以明确土地作为资源及资源载体的属性。事实上,正是由于土地的资源载体属性,故其存在不用用途,典型的为土地经济用途和生态用途。本书所指土地资源统指土地及附着于土地之上的自然资源(如树木、水等自然资源)。

五、土地产权

本书所指的土地产权是将土地作为一个系统整体的权利体系。由于土地的资源载体属性,土地使用权受限或失去也即意味着土地及附着于土地之上资源使用权利的受限或失去。

六、土地资源租金价格

关于土地租金价格,在第二章文献综述中,笔者分析了马克思对地租、地价的主要思想。马克思在《资本论》中指出,土地价格是地租的资本化,"资本化的地租即土地价格","土地价格不外是资本化的因而是提前支付的地租"。土地购买价格是地租的价格,"实际上,这个购买价格不是土地的购买价格,而是土地所提供的地租的购买价格,它是按普通利息率计算的"。这也是本书称作土地租金价格的主要文献根据。

一般意义上的地租价格是较为笼统的,它实质上是给予土地资源所蕴含的"租"的一个整体价格。本书注意到,由于土地资源的系统性,土地资源租金价格不仅包括土地本身的价格,也包括附着于土地之上自然资源的租金价格。

在这里进一步强调租金与价格的内在关联。"租金"在经济理论中被视为"剩余",而一切经济活动都是"寻租"的过程,通俗地讲就是追求利润的过程。因此,推动经济社会发展的内源动力就是对租金的需求,形成 D 曲线(需求曲线),而相对应租金需求的就是租金供给曲线,即 S 曲线,二者相等时即我们所熟知的均衡价格。从此意义上讲,价格就是租金的需求价格。因此,租金价格具有普遍性意义。故本书在地租价格的基础上,沿用土地资源租金价格这一概念,指土地及附着于土地之上的资源的租金价格。

第二章 土地价格理论的脉络评述

对于什么是价格形成的机理一直是经济理论中的核心问题。[①] 本章从价格理论出发,对国内外土地价格理论的脉络、构成及文献进行了综合梳理和论述,在此基础上提出了研究思路。

第一节 农地价值、价格及影响因素的理论综述

一、价值、价格与租金的脉络渊源

价值理论是经济学的基石,不同学派都有自己的价值理论。纵观经济学理论的发展脉络,关于价值理论主要分化为两条主线:一是在古典经济理论基础上发展而来的劳动价值论,典型的代表是马克思(Karl Heinrich Marx)的"劳动价值论";二是"效用价值论",后经新古典经济学家的发展,成为西方主流的价值理论。

马克思基于唯物辩证法思想,论证了价值的本质,并对价值与

---

① Breimyer, H. F., "On Price Determination and Aggregate Price Theory", *Journal of Farm Economics*, Vol. 39, No. 3, 1957, pp. 676-694.

价格的辩证关系进行了揭示。他认为价值决定价格,价格是价值的反映。而租金本质上是"价值增值"的形式,租金是价格的决定因素。新古典经济学家,基于"效用价值论"提出了边际生产力理论,将边际分析法纳入价值与价格的分析框架中,经马歇尔(Alfred Marshal)的发展,形成了"均衡价格论",发展成为西方主流的市场价格理论。马歇尔提出"弹性""生产者剩余""消费者剩余"等概念,认为供需双方决定市场价格,并用均衡价格分析法分析了各要素(劳动、资本、土地)的均衡价格。

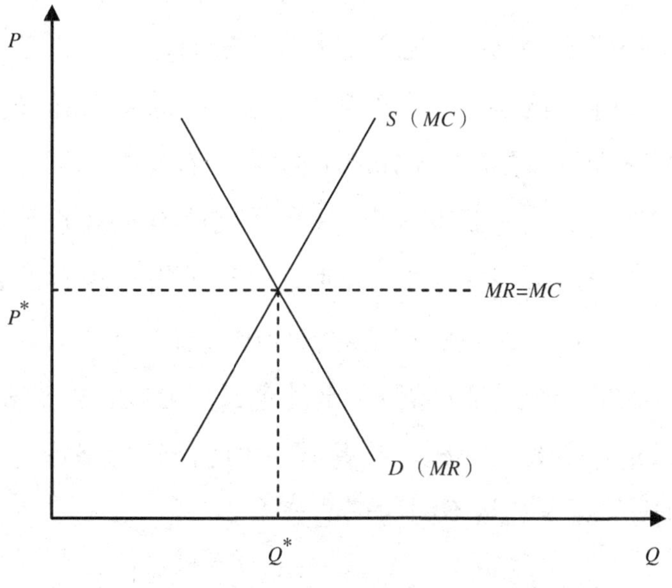

图 2-1 "均衡价格论"的基本思想

图 2-1 表示的"均衡价格论"的基本思想,其中,D 表示需求曲线也可以表示为 MR 曲线,S 表示供给曲线也可以表示为 MC 曲线,MR 表示边际收益,MC 表示边际成本。当均衡时,$D = S$,此时,$MR = MC$。虽然租金的定义仍然存在歧义,然而在西方主流的经济思想中,租金实质上就是一种"经济盈余",因此,

MR 部分实质上代表了租金的含义。那么,按此逻辑,在定义租金时,一个关键因素就是成本因素,这也是古典经济理论与新古典经济理论的根本分歧所在。古典经济理论以直接成本或实际成本表示 MC;而在现代租金理论中,MC 实际上代表了机会成本的含义。而机会成本概念的提出对市场价格理论具有开创性的影响。

概括地讲,马克思的《资本论》侧重于分析价值的本质,且认为价值决定价格,价格是价值的变动反映;马歇尔的"均衡价格论",则侧重于供求规律下的市场价格的变动分析,淡化了价格与价值的本质联系,更突出供求规律对价格的作用。二者对租金的本质定义也存在区别,前者将租金定义为"剩余价值"的形式,后者则被视作经济"盈余"(Surplus)或"生产者剩余",因为市场主体经营的主要目的正是获得这个"盈余",因此 D 曲线也可以表示租金的需求曲线。值得注意的是,西方关于价格与租金的关系从古典经济理论到新古典经济理论的演变中一直存在争议。这其中涉及价格理论的一个核心问题:租金的定义的分歧,这也是理论研究框架一章重点研究的问题。二者贯穿于经济学价格理论发展的脉络中,形成了两条截然不同的理论分支。

二、地租与土地价格

对于价格理论,始终绕不开"租金"的话题。在土地价格理论发展中,可以看出关于"地租"与土地价格的关系,经济学界并未达成一致结论。总体上,"地租"对土地价格的作用可以分为以下两种思想。

一是秉承古典经济理论脉络,将"地租"作为决定土地价格的主要决定因素进行分析。将"地租"作为价格的决定因素分析。这包括部分新古典经济学者,主要做法是将土地价格纳入资本理论的考核框架,利用土地资本公式(Capitalization Formulas)对"地租"与土地价格的变动关系进行分析。不过早期的新古典经济学者主要以"农地租①"(Agriculture Rents)作为地租解释土地价格,这显然满足土地供给无弹性的情况,即满足土地不存在级差用途的情形。然而,随着土地价格变动,"农地租"与土地价格的变动往往并非一致,这导致了后来许多新古典经济学者的批评。一些新古典经济学者认为除了农地租金以外的其他非农因素,如区位、政府项目等是影响土地价格变动的主要因素。这样,新古典经济学者针对土地价格的决定因素就存在分歧。当然,仅以"农地租"代表地租存在局限性,因为土地存在"级差"性,土地的其他用途带来的租金收益往往高于农地用途。早在李嘉图(David Ricardo)提出的土地的"级差"性思想就已经表明了地租存在"级差租"这一基本形式。所以,新古典经济学者围绕土地价格决定因素对"农地租"作为决定因素的质疑是必然的。随着土地市场的变化,土地价格的影响因素也是存在变化的,土地供给与需求的条件也在发生变化。这实际上反映了新古典经济理论偏离古典租金理论,淡化租金本质,而重土地市场价格理论的思想主线。秉承土地市场价格理论的学者,多将土地价格作为土地总的净收益(地租)反映形式。例如,一些学者以李嘉图租金模型、冯·屠能租金模型、马歇尔的准租理论作为土地价格理论分析的基石。而马克思虽然也利用土地资本公式对地租与土地价格进行分

---

① 这里的"农地租"主要是指在农业用途上产生的地租。

析,但他侧重于分析地租的来源及本质,并认为先有地租后有土地价格,强调了地租作为价值增值的本质,深度剖析了价值与价格的辩证关系。

二是秉承新古典经济理论,淡化"地租"的本质和源泉,排斥"农地租"作为土地价格决定因素,强调土地价格在土地资本供求作用下的变动因素分析。新古典经济学者将土地价格纳入资本理论的范畴,在资本理论的基础上,衍生出多种影响变量,包括风险、政策、折现率、资本收益等,而"农地租"只是影响价格变动的因素之一。

(一)地租的本质

马克思在《资本论》中对地租的本质进行了论述,他基于劳动价值理论,认为地租是"价值增值"的形式,因此,本质上地租属于"剩余价值"。马克思将土地所有权与地租的产生本质联系在一起,认为"真正的地租是为了使用土地本身而支付的,不管这种土地是处于自然状态,还是已被开垦"。也就是说,土地所有权是获取地租的产权基础,而"土地所有权的前提是,一些人垄断一定量的土地,把它作为排斥其他一切人的、只服从自己个人意志的领域"。这是一种对地租狭义上的分析,他还对地租进行了一般意义上的概括,认为:"租地农场主为了获得经营土地的许可而以租金形式支付给土地所有者的一切,实际上都表现为地租。"总之,地租产生的产权基础是土地所有权,地租的本质"……是土地所有权借以实现的经济形式,而地租又是以土地所有权,以某些个人对某些地块的所有权为前提"。正如他提出的"土地所有权本身已经产生地租",这就是马克思提出的"绝对地租"的基本思想。

（二）地租与土地价格

首先需要指出的是，马克思在分析地租、地价的关系时，也对"土地资本"进行了阐述，他认为，"如果土地改良的效果比较持久，那么，在租约期满时，人工增进的土地的不同肥力，就会和土地的自然的不同肥力合在一起"，显然，土地资本可以析出土地物质和土地人工资本两部分，他在论述中，"……曾把土地物质和土地资本区别开来"。并认为，"土地资本，也同其他任何资本一样不是永恒的"。而作为土地资本的折旧和利息是地租的重要部分，并认为"地租是在土地出租时确定的，地租确定后，在租约有效期间，由连续投资所产生的超额利润，便流入租地农场主的腰包，正因为这样，租地农场主总是力争签订长期租约。

在地租论述的基础上，马克思进一步对地租与地价的关系进行了论述。马克思认为，土地价格是地租的资本化，"资本化的地租即土地价格"，"土地价格不外是资本化的因而是提前支付的地租"。土地购买价格是地租的价格，"实际上，这个购买价格不是土地的购买价格，而是土地所提供的地租的购买价格，它是按普通利息率计算的"。在这里，地租是以地价形式投入土地的资本利息。

土地价格与地租的资本化公式可以表示为：

$$P = \frac{R}{i} \qquad\qquad (2-1)$$

式（2-1）本质上将地租与土地价格以一个静态的方式表示出

来,没有考虑时间因素对土地价格的影响,因此,基于式(2-1)可以给出一个动态的表示方式:

$$P = (\frac{R}{i})\left[1 - \frac{1}{(1+i)^n}\right]$$ (2-2)

式(2-2)中,P 表示土地价格,它实质上也可以看作基期的土地价格,n 表示年限,R 表示地租,i 则表示地租的利息。当 $n \to \infty$,则式(2-2),可以表示为:

$$P' = \frac{R}{i}$$ (2-3)

马克思还分析了对少数特殊自然条件所有权垄断而形成的土地垄断价格,认为垄断价格的高低与土地所有权无关,它"只由购买者的购买欲和支付能力决定,而与一般生产价格或产品价值所决定的价格无关"。指出,这种垄断价格本身产生地租,即"以真正垄断价格为基础的地租"。比较典型的例子是钻石价格的形成。

综上所述,马克思对地租的本质进行了阐释,并利用资本方程解释地租与土地价格的逻辑关系。从价值与价格的关系来讲,虽然价值决定价格,然而价格波动时常偏离价值,这就导致地租作为主要决定因素解释土地价格变动缺乏说服力,只能说价值决定价格,而不能用价值预测价格。而市场价格的变动本质上由供需规律决定,按照马克思对地租本质的认识,就是土地市场价格是由地租的供需因素决定的。

另外,马克思对地租的阐述还提到了地租产生的社会属性,即地租的产生是以土地所有权为前提的。这对解释现代产权与租金的内在关联有深刻的启迪意义。

第二节 西方土地市场价格理论的演变脉络

西方土地市场价格理论主要是基于土地的供给与需求作用进行解释的,这与马歇尔的"均衡价格论"是一脉相承的。然而,各个时期的供需条件是存在差异的,这导致西方学者在研究土地市场价格的决定因素时存在很大的分歧。正如图 2-1 所示的,对"租金"的需求形成了需求曲线,新古典经济学家在接受土地市场价格变动时,多将"地租"作为需求因素进行阐释,因此淡化了"地租"的本质。但是土地市场价格理论的分歧很大程度上就是以何变量反映"地租"。

一、西方土地市场价格的理论分支及脉络

现代西方土地市场价格理论可以追溯到 20 世纪 60 年代,以赫德和科克伦(Herdt 和 Cochrane,1966)、吐温和马丁(Tweeten 和 Martin,1966)、雷诺兹和蒂蒙斯(Reynolds 和 Timmons,1969)的研究为代表。然而,他们的土地价格模型并不能很好地解释美国 20 世纪 70 年代的土地市场价格问题。他们基于古典经济理论的传统假设,假设土地供给无弹性,利用土地供求方程对土地价格进行分析。因此,学者提出了质疑,理由是以上做法与土地市场情况不相符。伯特(Burt,1986)认为,利用供需方程解释土地价格存在问题,因为土地供给无弹性。20 世纪 70 年代学者开始关注土地需求因素对土地价格的影响。查瓦斯和舒姆韦(Chavas 和 Shumway,1982)认为,由于土地总量供给是一定的,因此仅以需求方程本身

就可以解释土地价格的变动。显然,土地市场价格变动与供需条件有着必然的联系。当供给无弹性时,需求因素将起决定作用,这也是现代西方土地市场价格影响因素研究的主要趋向。但是,上述研究没有考虑土地"级差"用途的需求情形。当土地存在"级差"用途时,这意味着土地供给存在弹性,有一定的替代性。土地总量供给一定不代表土地短期供给无弹性,仅仅关注土地需求一方也是片面的。

那么,一个问题是,在土地存在级差"用途"时,仅仅以"农地租"表示地租就存在局限性,因为它忽略了城市建设等因素对土地用途的需求带来的地租变化。学者为了克服这一点,克林费尔特(Klinefelter,1973)、卡斯尔和霍奇(Castle 和 Hoch,1982)开始在农地净租金之外,利用资本理论,纳入资本收益作为土地价格的决定因素之一进行分析。梅利查尔(Melichar,1979)将租金与资本收益的区别进行了分析,认为资本收益的驱动因素既可能与租金无关也可能与租金有关。这实际上将土地价格的变动因素从需求视角进行了拓展,为租金之外的其他因素对土地价格的影响提供了理论铺垫。可以看出,西方学者趋向于将土地市场价格的需求决定因素从农地租金逐渐拓展到其他非农业收入因素。

对农地市场价格的需求决定因素,经济学者很少达成一致意见。[1] 纵观西方农地价格理论的发展,可以分化为两条脉络:一是

---

① Pope,R.D.,Kramer,R.A.,Green,R.D.,et al.,"An Evaluation of Econometric Models of U.S.Farmland Prices",*Western Journal of Agricultural Economics*,Vol.4,No.1,1979,pp.107-119.

将农业收入、"农地租"作为土地价格的决定因素;[1]二是将非农业因素如距离城市的距离作为决定因素。[2] 少数学者将二者结合考虑,如沙尔拉赫和舒(Scharlach 和 Schuh,1962)、贝尼什卡与宾克利(Benirschka 和 Binkley,1994)。

　　之所以会存在以上两条理论分支,当然与各时期土地市场的供求结构相关。在土地市场发育早期,城市建设等因素的影响较小,因此,将"农地租"、农业收入作为土地价格的决定因素具有一定的合理性,如查瓦斯和舒姆韦(1982)指出"美国衣阿华州主要以农业经济为主,因此城市建设的因素对土地价格的影响较小",因此可以忽略城市因素对土地价格的影响。然而,随着土地市场化的发展,城市建设的需求势必会影响土地价格。这本质上,涉及土地的级差利用带来的土地市场价格问题。菲普斯(Phipps,1984)指出,土地的最优利用是非农用途,而土地的非农市场价格将高于农业价格。因此,按照西方主流的理论逻辑,非农业因素在

---

[1] Tweeten, L. G., Martin, J. E., "A Methodology for Predicting U. S. Farm Real Estate Price Variation", *Journal of Farm Economics*, Vol. 48, 1966, pp. 379−393; Herdt, R. W., Cochrane, W. W., "Farm Land Prices and Technological Advance", *Journal of Farm Economics*, Vol. 48, No. 2, 1966, pp. 243−263; Runge, C. F., Halbach, D. W., "Export Demand, U. S. Farm Income, and Land Prices: 1949−1985", *Land Economics*, Vol. 66, No. 2, May 1990, pp. 150−162.

[2] Clonts, H. A., "Influence of Urbanization on Land Values at the Urban Periphery", *Land Economics*, Vol. 46, No. 4, 1970, pp. 489−497; Hushak, L. J., "The Urban Demand for Urban-Rural Fringe Land", *Land Economics*, Vol. 51, No. 2, May 1975, pp. 112−123; Reynolds, J. E., Tower, D. L., "Factors Affecting Rural Land Values in an Urbanizing Area", *Review of Regional Studies*, Vol. 8, winter 1979, pp. 23−34; Hushak, L. J., Sadr, K., "A Spatial Model of Land Market Behavior", *American Journal of Agricultural Economics*, Vol. 61, No. 4, November 1979, pp. 699 − 702; Chicoine, D. L., "Farmland Values at the Urban Fringe: An Analysis of Sale Prices", *Land Economics*, Vol. 57, No. 3, 1981, pp. 353−362; Shonkwiler, J. S., Reynolds, J. E., "A Note on the Use of Hedonic Price Models in the Analysis of Land Prices at the Urban Fringe", *Land Economics*, Vol. 62, No. 1, February 1986, pp. 58−63; Folland, S. T., Hough, R. R., "Nuclear Power Plants and the Value of Agricultural Land", *Land Economics*, Vol. 67, No. 1, February 1991, pp. 30−36.

土地价格决定因素分析中的地位将会越来越高。

可以看出,西方在研究土地市场价格问题上,主要是围绕供需因素展开讨论。随着土地市场结构的变化,学者就土地市场价格的决定因素并不能达成一致意见。然而,他们的研究也存在缺点:一是没有对"地租"的本质形成统一认识,反映"地租"的变量也存在分歧;二是对土地市场价格的社会本质属性即产权与土地市场价格的关系缺乏深入探讨。

需要一提的是,贯穿土地价格市场决定因素的脉络中有一个隐含的脉络主线,那就是土地的级差利用的租金问题。这其中涉及两个经典的租金模型:李嘉图租金模型、冯·屠能租金模型,一些研究利用租金资本方程以李嘉图租金模型、冯·屠能租金模型为理论基础对土地市场价格进行研究。传统的李嘉图租金模型的"级差"思想可以解释土地在不同用途的市场价格。阿隆索(Alonso,1964)、米尔斯(Mills,1967)、穆思(Muth,1967)、惠顿(Wheaton,1982)、阿纳斯(Anas,1978)、阿诺特(Arnott,1980)、法吉塔(Fajita,1982)、卡波扎和赫尔斯利(Capozza 和 Helsley,1989)、利希滕贝格(Lichtenberg,1985、1989)、帕姆奎斯特(Palmquist,1989)、哈迪和帕克斯(Hardie 和 Parks,1997)等利用李嘉图租金模型对土地存在不同用途下的市场价格模型进行了理论阐述。卡波扎和赫尔斯利(1989)、普兰廷加和米勒(Plantinga 和 Miller,2001)和普兰丁格等(2002)等则将冯·屠能的区域租金模型纳入土地市场价格理论分析框架。哈迪、纳拉扬和加德纳(Hardie、Narayan 和 Gardner,2001)则将李嘉图租金模型、冯·屠能租金模型综合考虑,研究城郊土地市场价格问题,其土地市场价格模型表示如下:

$$P_i = E\Big[\int_0^{t^*} A_i(X_i,s)\,e^{-r(s)}\mathrm{d}s + \int_{t_*}^{\infty} R_i(X_i,s)\,e^{-r(s)}\mathrm{d}s\Big] \qquad (2\text{-}4)$$

其中,P_i为土地市场价格,它反映了期望的总的租金净收益,包括两部分租金收益:一是农业原用途的租金收益,二是土地用途转用后的租金收益。这样就将李嘉图土地"级差"利用思想和冯·屠能的区位租金理论融合;X_i表示土地的"级差"特征,包括区位、土地品位等"级差"因素;A_i表示农地租,R_i表示土地用途转用的租金收益;s表示时间,t^*表示土地用途转用的最优时间。

如果考虑地租社会本质属性:地租与产权的内在逻辑关系,按照土地产权对土地价格进行定位,那么,R_i代表的是土地发展权的价格[1]。去除土地发展权的价格,新的土地市场价格表示为:

$$P_i^{\ R} = E\Big[\int_0^{\infty} A_i(X_i,s)\,e^{-r(s)}\,ds\Big] \qquad (2\text{-}5)$$

式(2-5)揭示了一个重要问题:当土地限定在原有农业用途时,即不考虑土地的"级差"用途时,土地价格就是农地租的折现反映。然而,反映土地市场价格变动的需求因素并不局限于农业因素,它还取决于其他非农业因素,因此,正如式(2-4)所揭示的,最优价格应该是级差地租的折现反映。

二、西方土地价格理论中土地资本方程的理论演变

不论是马克思的土地价格理论还是新古典经济学者的土地价格理论都利用土地资本方程或租金资本方程(Rent Capitalization Model)对土地价格进行分析。不过新古典经济理论更强调价格

---

[1] Lynch, L., Gray, W., Geoghegan, J., " Are Farmland Preservation Program Easement Restrictions Capitalized into Farmland Prices? What Can a Propensity Score Matching Analysis Tell Us?", *Review of Agricultural Economics*, Vol. 29, No. 3, 2007, pp. 502–509.

的变动因素,注重土地供求因素对土地市场价格变动的影响。在土地供给无弹性的情形下,土地市场价格取决于土地需求因素。在上文中已经分析指出,早期研究多将"农地租"作为土地的需求决定因素,然而,随着土地市场结构的变化,"农地租"作为决定因素本身就存在一定的局限性,它不能反映地租的供需情况。土地资本方程的主要特点是将"租金"或资本收入作为需求的主要决定因素,并考虑利率或折现率的变动情形。它将土地价格视为现期价值加未来收益的折现。经济学者在认识到"农地租"作为土地市场价格主要需求决定因素的局限性后,开始讨论其他替代变量。这本质上没有认清租金的本质,偏离了价值的研究范畴。西方新古典经济学者在分析土地资本方程时主要考虑了三个基本要素:一是期望的净收益(净租金,Net Rents);二是与租金对应但有区别的期望的资本收益(Capital Gains);三是利率或折现率。然而,西方经济学者就这三个要素的选取存在分歧和争论。

为了分析方便,先以动态的方式将经典的租金资本方程表示如下:

$$L_t = \sum_{t=0}^{\infty} \frac{E(R_{t+i})}{(1 + r_{t+1}) \cdot (1 + r_{t+1}) \cdots (1 + r_{t+i})} \qquad (2\text{-}6)$$

式(2-6)中,L_t表示初期均衡的租金价格,t表示时间,R_t表示末期资本实际净收益,r表示可变的折现率,E表示对资本收益的期望。最大价格L_t取决于土地出售者(供给方)的机会成本和购买者(需求方)的资本收益。[①] 式(2-6)的整体含义可以表示如下:土地每期的现值等于每一期按一定的折现后的租金收益或资

---

① Robison, L. J., Lins, D. A., Venkataraman, R., "Cash Rents and Land Values in U. S. Agriculture", *American Journal of Agricultural Economics*, Vol. 67, No. 4, 1985, pp. 794-805.

本收益。[1]

不过,传统的资本方程基于古典经济理论的基本假设,假定土地供给一定,也即土地供给无弹性,因此不存在土地供给方的机会成本,因为土地没有替代性,那么,需求决定土地价格,或者说 R_t 是土地市场价格的决定因素。早期的新古典经济学者将农地收益、农地租作为 R_t,在上文中已经提到,这本身存在争议。关于 r 的选择,也是存在争议的,这在后文将论述。

自欧文·费舍尔(Irving Fisher)的古典利息理论认为,均衡的实际利率是不变的。起初的土地资本方程假设折现率(利率)不变、产权主体风险中立,且税收对资本收益和租金收益的影响忽略不计[2],那么土地的资本方程可以表示为:

$$L_t = (1+r)^{-1} \sum_{i=0}^{\infty} \frac{E(R_{t+i})}{(1+r)^i} \tag{2-7}$$

式(2-7)表明每一期的净收益是固定的。它的理论基础主要是伯特(1986)的研究,即租金收益是动态的,而 r 是不变的。式(2-7)可以简化为传统的资本方程:

$$L_t = \frac{R^*}{r} \tag{2-8}$$

我们可以看到,式(2-8)与式(2-1)是一致的。二者隐含的

---

[1]　Doll, J. P., Widdows, R., Velde, P. D., "A Critique of the Literature on U. S. Farmland Values", Washington DC: U. S. Department of Agriculture, *Econ. Res. Serv. Staff Rep*, No. AGES830124, 1983.

[2]　Hamilton, J. D., Whiteman, C. H., "The Observable Implications of Self-Fulfilling Expectations", *Journal of Monetary Economics*, Vol. 16, No. 3, 1985, pp. 353 – 373; Baker, T. G., Ketchabaw, E. H., Turvey, C. G., "An Income Capitalization Model for Land Value with Provisions for Ordinary Income and Long-Term Capital Gains Taxation", *Canadian Journal of Agricultural Economics*, Vol. 39, No. 1, 1991, pp. 69–82.

资本利率都是固定的,只不过,马克思对 r 的解释是地租的利率。新古典经济学家约翰·贝兹·克拉克(John Bates Clark,1847—1939)认为,地租是土地资本的利息,是利息的派生形式。实质上,二者具有一定的相通性,马克思在分析土地价格时,也提出"土地资本"的概念。马歇尔也认为,土地是一种特定形式的资本。资本理论将 r 理解为资本利率或折现率。

一些经济学家对固定利率提出质疑,因为利率随着商业周期变动[1]或随着期望通胀率的变动而变动。[2] 经济学者对土地资本方程中的 r 是名义利率还是实际利率也存在分歧。从动态视角看,无论是名义利率还是实际利率,都涉及对未来资本收益的评估,而这并不能直接观测到。因此,从长期来看,均衡的固定折现率并不能精确地确定。相比实际利率,采用名义利率相对容易。因为名义利率包含了通胀因素,可以随着通胀率的变化而变化。而实际利率的确定却并不容易。正是由于未来收益的不确定,风险因素是许多经济学者在确定折现率时考虑的因素。[3]

梅利查尔(1979)认为,资本收益以 g 的速率增加,而名义利率则以 g 的速率缩减,他修正了土地的资本方程:

① Vito, T., "Inflationary Expectations, Economic Activity, Taxes and Interest Rates", *American Economic Review*, Vol. 70, No. 1, 1980, pp. 12-21.

② Feldstein, M., "Inflation, Portfolio Choice, and the Prices of Land and Corporate Stock", *American Journal of Agricultural Economics*, Vol. 62, No. 5, 1980, pp. 910-916.

③ Chavas, J.P., Bishop, R.C., Segerson, K., "Ex Ante Consumer Welfare Evaluation in Cost-Benefit Analysis", *Journal of Economics and Environmental Management*, Vol. 13, No. 3, 1986, pp. 255-268; Graham, D.A., "Cost-Benefit Analysis under Uncertainty", *American Economic Review*, Vol. 71, No. 4, 1981, pp. 715-725; Harris, D.G., "Inflation-Indexed Price Supports and Land Values", *American Journal of Agricultural Economics*, Vol. 59, No. 3, 1977, pp. 489-495; Griffin, S., Boehlje, M., "Financial Impacts of Government Support Price Programs", *American Journal of Agricultural Economics*, Vol. 62, No. 3, 1980, pp. 603-605.

$$L_t = \frac{(1 + g)R}{r - g} \qquad (2-9)$$

因此,土地价格随着资本收益和名义利率的变动而变动。式(2-9)可以用期望的形式阐释[①]:

$$L_t = \frac{E(L_{t+1} + R_t)}{1 + r} \qquad (2-10)$$

在梅利查尔的影响下,费尔德斯坦(Feldstein,1980)认为期望通胀率提高会降低折现率,进而提高土地价格。不过,阿尔斯通(Alston,1986)、罗丝和拉克鲁瓦(Rose 和 LaCroix,1989)并不认同梅利查尔和费尔德斯坦对土地价格的解释。

阿尔斯通(1986)将税收对资本收益和利率的影响纳入考虑,将土地资本方程修正为:

$$L_t = \frac{(1 - T_y)R_t}{[r - (1 - T_c)g]} \qquad (2-11)$$

阿尔斯通还考虑了风险 c 的影响,将折现率 r 表示为 $r = c + (1 - T_y)i$。其中,i 表示名义的市场利率。在阿尔斯通的基础上,按照资本理论,学者在经验分析土地价格时考虑资产定价模型(Asset Pricing Model),将土地资本方程的应用进一步拓展。

三、土地价格需求决定因素的经验研究

由于不同时期土地价格的波动,土地价格的影响因素也是存在差异的。这导致了西方经济学者的经验研究存在很大分歧。

[①]　Falk,B.,"Formally Testing the Present Value Model of Farmland Prices",*American Journal of Agricultural Economics*,Vol. 73,No. 1,1991,pp. 1–10.

在土地价格决定因素的经验研究中,一些学者利用特征定价模型①对土地市场价格进行经验研究,但较为普遍的做法是基于土地的资本方程进行研究。

早期经验文献中多以农业收入、农地租作为土地价格变动的需求决定因素。然而,农地净租金收益的预测是较为困难的,这并不能反映地租的市场需求情况,因为许多因素影响农业投入和市场结构,如技术进步、商业周期等。沙伊克、赫尔姆斯和阿特伍德(Shaik、Helmers 和 Atwood,2005)指出,早期的土地市场价格研究文献面临农业支出和收益反周期识别的困扰。农业收入或由于土地市场周期的作用,土地价格与土地价值产生偏离,因此简单以农地租、农业收入作为反映土地市场价格变动的决定因素可能是不准确的。不同时期,导致价格变动的主要因素是存在差异的。费瑟斯通和贝克(Featherstone 和 Baker,1987),福克(Falk,1991)、克拉克,富尔顿和斯科特(Clark、Fulton 和 Scott,1993)在经验研究中发现,农业收入并不能致使农地价格变动。贾斯特和米拉诺夫斯基(Just 和 Miranowski,1993)发现农业收入与农业价格呈反方向变动,并指出交易成本是影响农地价格的重要因素。

研究土地其他非农地租因素对土地市场价格影响的主要有:费尔德斯坦(1980)研究表明通胀水平与实际土地市场价格呈正向关系,而阿尔斯通(1986)的研究却表明二者是负向关系;特雷尔(Traill,1985),加德纳(Gardner,1987),贾斯特和米拉诺夫斯基

---

① Palmquist,R.B.,Danielson,L.E.,"A Hedonic Study of the Effects of Erosion Control and Drainage on Farmland Values",*American Journal of Agricultural Economics*,Vol.71,No.1,1989,pp.55−62;Xu,F.,Mittelhammer,R.C.,Barkley,P.W.,"Measuring the Contributions of Site Characteristics to the Value of Agricultural Land",*Land Economics*,Vol.69,No.3,1993,pp.356−369.

（1993），克拉克、克莱恩和汤普森（Clark、Klein 和 Thompson，1993），韦尔斯等（Weersink 等，1999）、巴纳多等（Barnard 等，2001），古德温、米什拉和奥塔洛·马格纳（Goodwin、Mishra 和 Ortalo-Magné，2003），伦斯和米什拉（Lence 和 Mishra，2003）等研究了政府支出与土地市场价格的关系；库门和布尔曼（Koomen 和 Buurman，2002）等则研究了政府干预对土地市场价格的影响；邓福德（Dunford，1985）研究了投机因素对农地价格的影响；麦克米伦（McMillen，1989）、卡波兹（1990）、石跃进等（Shi 等，1997）、斯图尔特和利比（Stewart 和 Libby，1998）、普兰丁格等（2002）、珍蒂等（Jeanty 等，2002）、利瓦尼斯等（Livanis 等，2005）则研究了城市增长、区位因素等土地"级差"用途下的地价问题。

正如，贾斯特和米拉诺夫斯基（1993）指出的：土地资本方程如果去除通胀、税率、债务市场、交易成本、风险规避就是传统的土地资本折现方程（The Standard Discounting Equation）。可见，传统的土地资本方程需要纳入其他影响因素以分析土地市场价格的变动，然而，影响土地价格的因素是很多的，过于严苛的假设条件并不能有效反映土地价格的变动。某些经济学者另辟蹊径，从其他视角研究土地市场价格的决定因素。例如，沙利特和施密兹（Shalit 和 Schmitz，1982）提出信用分配推动的累积的借贷水平是土地市场价格的决定因素的理论假说。沙利特和施密兹的做法实际上是从个人的土地资本的供需视角对土地市场价格进行了分析，即认为某些租金形成于个人的预期，而资本消费的累计债务则在土地市场价格形成中起决定作用。然而，伯特（1986）、贾斯特和米拉诺夫斯基（1993）基于资本方程检验了沙利特和施密兹（1982）的土地价格模型的适用性，结果发现，每亩土地的债务水平对土地价格的影响较小;韦森塞尔、肖尼和库腾(Weisensel、Schoney 和 Kooten,1988)的经验研究也拒绝沙利特和施密兹的假说。一些学者放开了传统土地资本方程关于风险中立的基本假设,将风险因素纳入土地价格影响因素中,利用资产定价模型(The Capital Asset Pricing Model,CAPM)对土地价格变动进行经验分析。[1] 然而,汉森和迈尔斯(Hanson 和 Myers,1995)的经验研究发现 CAPM 模型对价格的变动的预测是失败的。而福克(1991),克拉克、富尔顿和斯科特(1993)、泰金和库赫勒(Tegene 和 Kuchler,1993)等则拒绝了不变利率或折现率的假设,研究可变折现率下的土地市场价格变动。

存在分歧的另一个重要原因是经验研究方法的差异。费瑟斯通和贝克(1988)在资本方程的基础上,将现在和过去的农地租金收益加权平均,指出自费瑟斯通和贝克(1987)的研究起,将农地净租金作为主要解释变量的经验研究方法是存在问题的。从经验研究方法来看,早期基于土地资本方程的经验研究多用时间序列法进行实证分析。阿尔斯通(1986),伯特(1986),韦森塞尔、肖尼和库腾(1988)运用时间序列阐释了农业收入与土地价格的关系。例如,菲普斯(1984)利用时间序列考察了净租金收益与土地市场价格的关系,认为净租金收益是土地市场价格的格兰杰原因。然

① Epstein, L. G., Zin, S. E., " Substitution, Risk Aversion, and the Temporal Behavior of Consumption and Asset Returns: A Theoretical Framework ", *Econometrica*, Vol. 57, No. 4, 1989, pp. 939-969; Epstein, L. G., Zin, S. E., " Substitution, Risk Aversion, and the Temporal Behavior of Consumption and Asset Returns: An Empirical Analysis ", *Journal of Political Economy*, Vol. 99, 1991, pp. 263-286; Shiha, A.N., Chavas, J.P., "Capital Segmen-Tation and U.S.Farm Real Estate Pricing ", *American Journal of Agricultural Economics*, Vol. 77, 1995, pp. 399-409; Barry, P.J., Robison, L.J., Nartea, G.V., "Changing Time Attitudes in Intertemporal Analysis", *American Journal of Agricultural Economics*, Vol. 78, No. 4, 1996, pp. 972-981.

而,采用序列的问题会存在单位根问题。因此,许多学者并不认同基于时间序列的土地资本方程的解释性[①],学者尝试基于恩格尔和格兰杰(Engle 和 Granger,1987)提出的协整方法,对土地资本方程进行分析。坎贝尔和希勒(Campbell 和 Shiller,1987)提出了协整模型检验土地资本方程的思路:一是净租金和土地价格应该具有相同的时间序列属性;二是过去的租金与土地价格的变动关系具有能够预测未来土地价格变动的属性信息。然而,福克(1991),费瑟斯通和贝克(1987)、克拉克、富尔顿和斯科特(Clark,Fulton 和 Scott,1993),泰金和库赫勒(1993)等检验了坎贝尔和希勒(1987)的约束条件,多数研究否认了坎贝尔和希勒(1987)的做法。坎贝尔和希勒(1987)的做法得不到以上文献认可的原因有很多,根本而言主要有两个:一是不同时间序列下的社会折现率是可变的,即社会折现率不是一个标准。福克(1991)、汉森和迈尔斯(1995)、施密兹(1995)等对可变折现率问题进行了分析;二是净租金收益的表示方法也具有差异性。

综上所述,西方土地市场价格理论,将供求作为土地市场价格变动的决定因素。大部分文献基于古典经济理论的土地供给假说:土地供给无弹性,在此基础上,需求是决定土地市场价格的主要因素。那么,租金作为需求因素从早期的农地租到后来的非农业因素研究,一方面反映了不同市场结构下,土地"级差"利用的隐含主线;另一方面也反映了学者在分析土地市场价格时没有一个关于租金与价格关系的统一看法。这反映了西方土地市场价格

---

① Baffes, J., Chambers, R.G., "Rational Bubbles and Land Prices", Working Paper No. 89-37, *Department of Agricultural and Resource Economics*, University of Maryland, College Park, Maryland, 1989.

理论偏离价值剖析而重价格变动形式的思想主线,这样就导致了西方学者在分析土地市场价格的决定因素中的分歧。淡化"价值"的表现就是缺乏对"租金"本质的深刻认识,尤其是对租金的社会本质属性(马克思将土地所有权视为地租的产生基础,本书则从现代产权的视角上阐释)缺乏探讨。

第三节　国内土地价格的研究脉络

马克思的《资本论》对地租与地价关系的本质进行了论述,同时西方土地市场价格理论也论述了地租与地价的变动关系,因此也存在借鉴之处。国内土地价格理论则呈多元化特征。从总体上看,国内地价理论发展脉络呈两条主线:一是秉承马克思《资本论》的论述思想,对地租、地价关系进行研究;二是受西方主流的"效用价值"论[克鲁蒂尔(Krutill,1967)的"存在价值"论实质上也是"效用价值"论的范畴]的影响,偏离劳动价值论,对土地价格及评估进行研究。前者在《资本论》的框架下,研究地租与地价时,始终受到"姓资""姓社"问题的困扰,早期的学者多否认绝对地租的存在,认为它是资本主义私有制的产物,且对地租、地价的认识也存在差异,主要集中在绝对地租的来源及与垄断价格的关系问题上。建立在"效应价值"论、现代产权理论基础上的土地价格理论关注的重点并非地租本质,而是土地租金的价格,将租金的供需与市场的供需机制联系起来,从而具有一定的适用性。

一、基于马克思《资本论》的国内地租与地价关系研究

马克思在《资本论》中分析了土地价格与地租的关系,主要分析了构成土地价格决定因素的两种地租形式:绝对地租和级差地租。然而,早期的研究在绝对地租的价值来源上是存在争议的。围绕绝对地租的价值来源及其与垄断价格的关系,20 世纪 80 年代学者在《经济研究》《中国社会科学》等杂志上多次刊文对此问题进行探讨。卫兴华(1982)在《资本论》的基础上对绝对地租、垄断价格问题进行了论述。他探讨了农业绝对地租问题,认为资本主义农业绝对地租产生的基础是资本主义土地所有权垄断,并认为农产品垄断价格马克思的绝对地租理论是以农业生产的发展落后于工业,从而农业资本的有机构成低于工业为前提的。朱剑农(1982)、刘占昌(1984)等与卫兴华的观点则是类似的。然而,李慧中(1983)、张健雄(1983)则对卫兴华论述的绝对地租的来源进行了否定,认为绝对地租源于垄断价格。后来,杨学成(1996)则认为,马克思在论述资本有机构成时是一种静态情形,他分析了动态均衡下的资本有机构成,在动态均衡的基础上使社会剩余价值成为绝对地租的一般来源。类似的如朱奎(2006)的研究。陈其人(2001)则对杨学成的观点提出批评,提倡回归马克思传统。杨继瑞(2001)则认为,绝对地租与农业资本的有机构成无关,而绝对地租类似于土地所有权的特殊"利息"。可见,学者对马克思传统地租理论价值来源及构成的认识是存在分歧的。不过,学者在秉承马克思研究的传统中,土地所有权始终是研究绝对地租的前提基础。

然而,这种土地所有权意识却是土地产权改革的症结①意识。早期,我国经济学界一直否认在社会主义制度中存在绝对地租,因为绝对地租被认为是资本主义土地私有权的产物,而在社会主义土地公有制下,就不存在绝对地租。如高映轸(1987)否认城市建筑用地绝对地租形式的存在,后蔡继明(1991)对此观点进行了批评,指出社会主义土地所有权存在垄断,并使生产价格转化为足够价格,提出了土地的"足够价格"论。

对于我国级差地租的客观存在,早期的研究文献并没有多大分歧,只是关于社会主义制度下的级差问题性质及产生的原因存在诸多争论。关于级差地租讨论的典型文献有:中杰(1961、1963)、汪涛和粟联(1962)、余霖(1964)、孔敏和贾克诚(1964)、匡禾生(1983)、高映轸(1987)、夏永祥(1993)、陈征(1995)等。这些研究同样始终摆脱不了土地所有权意识的"症结"。近年来也有部分文献就级差地租与土地价格问题进行论述。例如,沈民鸣(2009)对最差土地的级差地租与土地价格问题进行了分析;周立群、张红星(2010)对从农地到市地的土地级差利用的地租问题进行了分析等。

在地租与土地价格的研究中,洪银兴、葛扬(2005)在《资本论》的基础上提出了地价的表达方式:地价=绝对地价+级差地价Ⅰ+级差地价Ⅱ+垄断地价+非农地价。不过,这在狭义上是成立的,而不是一般意义上的地价公式。首先,上式所示的垄断地价源自马克思在《资本论》中论述的特殊商品的垄断地租。马克思在《资本论》中对某些自然力的垄断所产生的特殊商品的价格进行

---

① 这里的"症结"主要指"姓资""姓社"问题对农地产权改革的困扰。

了分析,并对特殊商品的"垄断地租"与价格的关系进行了论述。显然,这是狭义上,而不是广义上的。马克思本人恐怕也并不认同"垄断地租"就是特殊商品的"垄断地租"。况且即使特殊商品的"垄断地租",究其社会本质还是土地所有权的实现,没有土地所有权谈何"垄断"? 因此,"垄断地租"与"绝对地租"在此意义上很难清晰区分。如果,上式中的"垄断地租"只是自然力形成,那么地租公式是成立的,但是作者并没有进行狭义上的约束,这显然并不适合一般性的意义。另外,非农地价究竟是什么? 它和级差地租有什么区别? 这都需要进行狭义上的约束。且垄断地价与绝对地价之间和非农地价与级差地价之间,马克思本人也并未进行区别界定。

潘勇(1991)将马克思的地租理论与自然资源价格的关系进行了论述。他指出,马克思在分析地价时的边际思想值得进一步应用。马克思在《资本论》中指出,最劣等地的产品的价值调节着农产品的市场价格、"不提供地租的最坏土地的生产价格,总是起调节作用的市场价格"等都体现了"边际价值"与地价的关系。这说明,马克思也注重边际分析法在价格中的应用,这与西方新古典经济理论在某种程度上是相通的。

二、马克思及西方主流价值理论影响下的国内土地价格研究

无论是西方土地市场价格理论还是现行国内的土地价格理论,土地的"级差"利用的价格都是研究的暗含主线或核心问题。土地的"级差"用途的利用及收益问题是学术界关注的焦点,这不仅涉及传统意义上经济学的资本理论还包括资源与环境经济学、生态学等交叉领域。而对于土地级差利用的价格问题,其价值基

础也可以追溯为两条主要脉络渊源：一是马克思《资本论》的论述。较为典型的是马克思在《资本论》对土地资本论述中提及的反映土地资本二元构成的论述对国内土地价格研究的影响。有的学者在此基础上称作"二元价值论"，即土地具有物质价值和资本价值，这实质上回归了亚当·斯密的传统，这在马克思的《资本论》中已经进行了批评分析，不再赘述。诚如马克思所指出的，土地自然资源本身并没有价值，但不可否认的是它有价格。显然，国内部分学者存在关于价值与价格的误解，有的学者甚至把价格等同于价值。周诚（1996）在马克思土地资本二元构成论述的基础上对土地价格进一步进行了阐述，认为土地价格包括两部分：土地物质价格和土地租金价格。类似的还有王万茂等（1997）、单胜道（2002）等的研究。土地二元价格论的论述具有重要的启迪意义，它可以为土地多用途价格提供理论借鉴。

部分学者在论述土地价值问题上，受马克思价值理论和西方"效用价值论"的交叉影响，在分析土地价值时，淡化价值本质，着重对土地利用价值进行研究。由于土地存在多种用途或功能，国内学者开始认为土地具有多种功能价值。例如，曲福田（2001），俞奉庆、蔡运龙（2003、2004），蔡运龙、霍雅勤（2006），朱晓刚（2014）指出，耕地的价值包括经济价值、社会价值和生态价值。此类学者对土地多用途价值的论述实质上属于土地使用价值[①]的范畴。然而，具体到土地使用价值的本质属性，他们的论述则更倾向于将其定位于满足经济、社会或生态的"功能"，至于这种"功能价值"究竟是什么，其本质属性是什么，他们并没有严格区分和界

---

① 关于商品的使用价值，马克思在《资本论》中有辩证的论述。

定。这反映了国内学术研究的一个问题：学者多在谈价值，然而这种价值究竟是什么，则很少有学者深入考究。不过，一个共同点是，所谓的土地的多功能价值，正是学者看到了土地的"级差"用途下的使用价值。

二是西方主流的"效用价值论[①]"脉络。这集中体现在，国内学者对土地价值的分类及借鉴西方土地市场评估方法的应用的相关研究中。国内学者在借鉴国外研究的基础上，对土地价值进行了分类，一类学者如诸培新、曲福田（2003）将土地价值分为两类：使用价值和非使用价值。其中，土地使用价值包括直接使用价值、间接使用价值和选择价值；土地非使用价值包括存在价值和遗赠价值。另一类学者则将土地价值分为市场价值和非市场价值两类。其中，土地非市场价值主要是在"存在价值论"的基础上衍生而来的，国内外普遍的做法是运用条件价值评估法（CVM）等对意愿价格进行测算。近年来，国内学者开始对土地的非市场价值进行测算，例如，王瑞雪、赵学涛、张安录（2005）对运用 CVM 法对武汉市农地非市场价值的研究；蔡银莺、张安录（2006、2007）运用 CVM 对武汉市农地支付意愿（Willingness to Pay，WTP）和受偿意愿（Willingness to Accept，WTA）的研究；张成玉（2013）以河南省为例，对农村土地流转中的意愿价格进行了研究；杨国力、孔荣、杨文杰（2014）基于陕西 721 农户的调研资料对农地承包经营权转让的意愿价格的研究等。

一些学者，如边学芳、吴群、曲福田（2006）利用边际机会成本理论对农地价格进行研究；高延娜、朱道林（2008）利用特征价格

---

① 注意，"效用价值论"是现代西方主流经济学的理论基石，它本质上将心理价值或精神价值纳入经济学研究领域，后来的"存在价值论"等与其是一脉相承的。

模型对农村土地征用价格的影响因素进行研究;夏刚、任宏等(2008)等基于实物期权定价的农地征用价格研究等。

值得注意的是,西方现代产权理论也启发了国内学者对土地市场价格的认识。利用现代产权理论对土地价值及价格问题进行分析具有一定的客观必然性。随着土地市场化的进程、城市化建设的快速推进,中国土地所有权意识下的制度约束使土地资源得不到最优配置。学者开始受西方现代产权理论的影响,对农地产权及其价值进行探讨。周诚(1996)在对土地全价值论和土地无价值论进行了论述的基础上指出土地价格的二元构成方式,即土地完整价格=土地物质价格+土地租金价格,在土地完整价格中包括征地农地费用、非农建设用地租金价格、"农转非"后的级差地价以及外部辐射价格;刘慧芳(2000)指出,农地的权属特征决定了农地的两种流转价格:农地内部流转价格体系和农地转用价格体系;王勇、付时鸣(2005)将农地使用权看作一种实物期权,并对农地使用权价格进行了研究;陈志刚等(2008),张效军、欧名豪等(2008)指出,农地的产权价值包括农地的生产收益权价值、农地的农民生存保障权价值、农地的发展权价值、农地的国家粮食安全权价值和农地的国家生态安全权价值;臧俊梅等(2009)则将农地综合权利界定为:农地使用权、农民生存权、农地发展权、农地粮食安全权和农地生态安全权等。可见,学术界研究土地产权价值都是根据土地不同功用的基础上提出的,并没有一个严格的价值理论逻辑支撑。因此,对于农地产权的价值的界定缺少统一的理论逻辑,大多学者是借鉴西方主流思想对中国农地产权进行阐述。不过,上述研究已经注意到,现行农地制度下农地产权完整性的重要意义,对土地发展权等的争论也是具有启迪性的,这折射了现行农地制度弊端下学者的理论思考。

三、资本方程在国内的应用

土地资本方程在国内应用的起步较晚。国内学者普遍将这种方法称作"收益还原法"。利用收益还原法对土地价格进行研究的文献主要有：胡援成（1990）在温特地价模型、梅尔地价模型的基础上利用收益还原法对土地价格模型及其影响因素进行了研究，他将投资、人口、收入、税收、通胀等多种因素纳入模型框架；杨继瑞（1994）则利用传统的土地价格资本公式对地价上涨的机制进行了探析；朱仁友（2000）针对我国利用收益还原法的估价模型过于简单的问题，用实际纯收益代替预期纯收益，并对还原利率等的确定进行了改进；钱建平、周勇（2004）则基于灰色理论的收入还原法对农地估价进行应用分析；任浩、郝晋珉（2003）用收益还原法，考虑了农地价格"剪刀差"的影响，并对土地价格进行了修正，提出了考虑农地"剪刀差"下农地的两个基本表示公式：一是农地价格＝（剪刀差修正后的农地总收益−剪刀差修正后的农地总费用）/还原率；二是农地价格＝（农地总收益/农产品价格低于价值的幅度）×倍数。

第四节　土地补偿标准

一、征地补偿标准

征地补偿标准本质上是以何种价格反映被征农地的价值。正如上文土地增值收益分配所述的，从总体上而言，征地补偿标准主要有两种定价思路:一是基于土地价值进行完全补偿。较为典型的是土地补偿的"市场价值"论和"产权价值"论。二是在政府土地管制的框架内讨论征地补偿的标准。这包括"适当补偿""不完全补偿""公正补偿""折中补偿"等多种论点。

不论哪种补偿思路,都避不开对土地价值的讨论。学术界试图基于价值对征地价格进行分析。然而,在研究中存在一个根本问题,什么是土地价值? 从目前的研究来看,国内学者主要从两个视角对土地价值及征地价格进行研究。

一是土地的多功能价值(包括社会价值、经济价值、生态价值或使用价值与非使用价值)。诸培新、曲福田(2003)认为,应基于土地资源的总价值对设定土地征用标准。郝晋珉、任浩(2004)将土地价值分为经济价值、社会价值和生态服务价值三部分,并运用收益还原法对土地价值进行了分析。研究结果表明,耕地资源的经济价值占总价值的比为16%,非市场价值占比为60.3%,并对价格进行了修正,结果表明征地价格只占修正后的40%。王仕菊等(2008)指出,基于多功能价值的征地补偿标准是可行的,而耕地价值由经济价值、社会价值、生态价值构成。他在耕地价值的基础上,运用收益还原法对征地补偿标准进行了估计,研究表明基于耕地价值的补偿标准是征地补偿标准的2.51倍。范辉(2008)认为,应基于土地的经济价值、社会价值和生态价值进行完全的征地补偿。诸培新、卜婷婷、吴正廷(2011)以土地的经济价值、社会价值和生态价值为征地价值的构成,将土地的综合价值作为征地补偿的标准,并采用收益还原法、成本替代法和支付意愿法对南京市的征地补偿标准进行了测算。测算结果表明按照综合价值法的征地标准要比现行征地补偿多6.6倍。陈春节、佟仁城(2013)指出,征地补偿应包括土地资源价值、土地社会保障价值和土地平均增值收益三部分,并在收益还原法的基础上,探索利用宏观数据对征地补偿标准进行量化。

也有学者从土地价值的部分构成的视角研究土地补偿标准。杨永芳、艾少伟(2007)基于土地生态价值,指出现行征地补偿中缺少生态补偿的内容。杨振、刘会敏、余斌(2013)从成本的视角探讨征地价格,认为需要把生态价值纳入征地成本中,并以江汉平原为例,对土地非农化带来的生态价值成本进行了理论及方法探索。王雪青等(2014)指出,现阶段征地应采取"适当补偿"的原则,补偿的价值基础包括土地的经济价值和社会保障价值。

二是土地的市场价值。国内主张以市场价值设定补偿标准的学者有陈泉生(1994),黄小虎(2003),蒋省三、刘守英(2003),王小映(2003),周其仁(2004),汪晖、黄祖辉(2004),谭荣、曲福田、吴丽梅(2005),刘亚玲(2005),李繁荣(2006),刘向民(2007),程文仕(2009)等。从世界大多国家的做法来看,多以土地的市场价值为补偿标准①,这种方式可以减少土地资源的浪费。

以市场价值为标准,这涉及对土地的市场价格的评估,从完全市场竞争的最优角度来讲,理论上应以最优土地价格为标准。这也是土地按照市场价值进行"完全补偿"的基本思路。巴斯蒂安(Bastian,2002)认为,只有在完全竞争市场下,农地才能多样优化利用。邹秀清(2006)在完全竞争市场的条件下,在假定买卖双方平等的基础上,从而兼顾土地买卖的公平与效率,为土地最优补偿提供了理论参考。

---

① Nosal, E., "The Taking of Land: Market Value Compensation Should be Paid", *Journal of Public Economics*, Vol. 82, No. 3, 2001, pp. 431-443.

许多学者并不认同征地完全补偿的思路,因为市场调节也会存在"市场失灵"的问题。从西方征地补偿的做法来看,多数国家都是以土地的市场价值为标准进行补偿,但是同样存在"完全补偿""不完全补偿"等差异性。征地补偿价格反映土地被征时市场价值的一部分[1](不完全补偿)或按照土地的完全的市场价值[2]进行补偿(完全补偿)。国内学者重视"公正补偿"问题探讨,如刘爱军(2010),靳相木、陈箫(2014)等研究。不过什么是"公正补偿",国内学术界并没有一个统一的定论,同样存在"完全补偿"和"不完全补偿"两种意见分歧。

有学者根据土地的产权价值对征地的价格进行讨论。高延娜等(2006)指出,政府正在按照产权理论还原农地征用价格,确定了农地征收价格是农地所有权价格、农地使用权价格及农地社会保障权价格和土地发展权价格之和;周建春(2007)指出,征地补偿应该体现耕地的产权价值,而耕地产权由生产收益权、生存保障权、农地发展权、粮食安全权和生态安全权构成;陈志刚、周建春、黄贤金(2008)将农地的生产收益权价值、保障权价值、发展权价值、粮食安全权价值和生态安全权价值作为征地价格构成,并在此基础上构建了区域征地价格的评估体系,利用收益还原法的测算表明,区域征地价格水平远高于现行的征地标准等。

---

[1]   Fischel, W. A., Shapiro, P., "Takings, Insurance, and Michelman: Compensation on Economic Interpretation of Just Compensation Law", *Journal of Legal Studies*, Vol. 17, 1988, pp. 269 – 293; Fischel, W. A., Shapiro, P., "A Constitutional Choice Model of Compensation for Takings", *International Review of Law and Economics*, No. 9, No. 2, 1989, pp. 115–128.

[2]   Giammarino, R., Nosal, E., "Loggers Versus Campers: Compensation for the Taking of Property Rights", *Journal of Law Economics & Organization*, Vol. 21, No. 1, 2005, pp. 136–152.

二、土地生态补偿标准

上述文献主要讨论了征地补偿价格问题,然而,对于公共用地问题,典型的就是土地规制于生态用途的补偿价格探讨的并不多。主要原因是土地用于生态用途属于公益性质,属于征地的"公共利益"目的,因此争议和分歧并不大,学者多关注土地的生态补偿标准上。

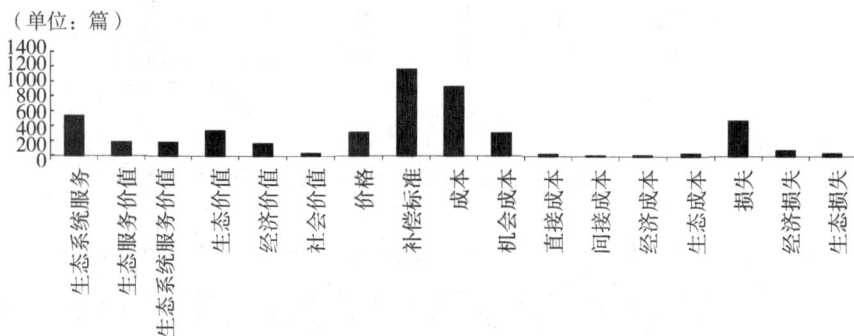

图 2-2　以"生态补偿"为主题的相关研究文献

国内除了征地补偿标准的讨论外,另一个与生态相关的焦点就是生态补偿问题,而许多学者也试图对土地的生态补偿标准进行讨论。笔者统计了知网中关于"生态补偿"相关的研究文献(见图 2-3)。到 2014 年 12 月,生态补偿研究文献中有"生态服务价值"一词的学术文献有 538 篇,涉及"补偿标准"的学术文献有 1167 篇,涉及"成本"一词的学术文献有 929 篇,其中,涉及"机会成本"的学术文献有 315 篇,涉及成本损失的研究文献有 672 篇,涉及"生态服务价值"一词的学术文献有 182 篇,涉及"生态价值"一词的学术文献有 342 篇,涉及"经济价值"一词的学术文献有 165 篇,涉及"社会价值"一词的学术文献有 36 篇。基于以上统计,可以看出国内研究"生态补偿标准"的文献居多,而讨论生态补偿主要从两个视角:一是成本的视角;二是价值的视角。而生态补偿中涉及"价格"的仅有318篇。

(单位:篇)

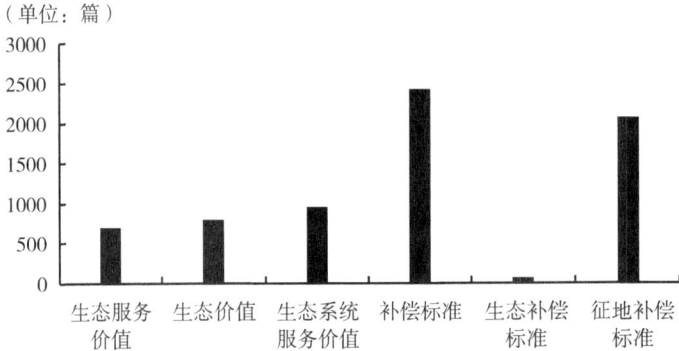

图 2-3 以"土地"为主题的相关研究文献

笔者还统计了与"土地"主题相关的研究文献,如图2-4所示。与"土地"主题相关的,涉及补偿标准的文献居多,有2422篇,其中以"征地补偿标准"居多,达2061篇,占85.09%,而涉及"生态补偿标准"的文献仅有67篇,涉及"生态补偿"的研究文献达699篇,而讨论土地"生态服务价值"的研究文献达699篇,"生态系统服务价值"的文献达955篇,"生态价值"的文献达791篇。可见,国内学术界对征地补偿标准讨论较多,而对土地生态补偿标准讨论较少,虽然关于土地生态补偿的研究很多,然而关于土地生态补偿标准并没有一个成熟的理论框架,尤其是用价格理论的思想解释土地生态补偿标准的研究文献基本属于空白。而在土地管制的价格的探讨中,笔者分析指出,现行的土地生态补偿标准实质上也是 $P_{Control}$ 定价。

正如图2-3所揭示的,理论上,土地生态用途规制的补偿价格理论也可以用两个角度概括:

一是基于实际成本的补偿价格脉络。谭秋成(2009)认为全面准确地计算直接成本、机会成本比生态服务价值在生态补偿标准评估中更为重要。学术界对于"成本"的理解不尽相同。主要分为两类,一是直接成本法或实际成本法①。陈莹、谭术魁、张安录(2009)认为,最科学合理的补偿应根据土地的实际成本来确定,它包括两种损失:经济损失和非经济损失。前者包括土地权益、资产、投入及资本等损失,后者包括社会及生态的损失。这种"全成本"计算价格方式的弊端是需要做大量工作,且计算出来的价格可能非常高,王利敏、欧名豪(2011)基于委托—代理理论对耕地保护的补偿标准进行了研究,指出委托人应根据代理人的保护耕地的成本差异指定耕地保护的经济补偿标准,政府需要对农户支付一定的信息租金以保证耕地保护政策的贯彻落实。蔡银莺、张安录(2011)基于农田生态保护中,农户放弃一定的化肥、农药等化学物质的使用带来的直接损失,对农户的受偿意愿价格进行调研分析。谭秋成(2012)在分析丹江口水库的土地的生态补偿上,认为应以农田遭受的损失为补偿标准,这一损失应以每亩作物的净收益为农田的生态补偿标准等。

二是机会成本法。皮尔斯和马坎迪亚(Pearce 和 Markandya, 1987)将机会成本定价的思想运用到资源定价中,认为边际机会成本包括三个组成部分:一个是边际生产成本或边际直接成本(Marginal Direct Cost, MDC);另一个是边际外部成本(Marginal External Cost, MEC);还有一个是资源可耗竭产生的边际使用者成本(Marginal User Cost, MUC)。后章铮(2008)将自然资源边际机会成本定价的思想引入国内。国外学者如赞宾登等(Zbinden 等,

---

① 这也是古典价格理论与新古典价格理论争论的焦点问题。

2005）在对哥斯达黎加的上游土地用户的补偿价格研究中提出以机会成本作为标准。

国内学者如秦艳红、康慕谊（2006）认为，在退耕还林中应以机会成本法衡量土地补偿标准；李晓光等（2009）以土地权属为载体，利用机会成本法对海南中部山区森林保护的生态补偿进行研究；赵翠薇（2012）以机会成本作为耕地生态补偿标准的依据，并界定建设用地占用耕地的机会成本为建设用地价格，耕地的机会成本为种植粮食的最高收益，退耕还林地为我国退耕还林的补助额度，然而，作者这种"机会成本"的理念仍然局限于实际成本的范畴，作者对机会成本与实际成本的内在关系没有给出一个清晰的界定，研究没有一个成熟的理论基础；胡喜生、洪伟、吴承祯（2012）以生态系统服务价值理论为基础，对福州市的土地转移的机会成本进行了测算；戴其文（2014）对猫儿山自然保护区产权主体退耕还林等生态保护的意愿价格进行了调研分析，研究发现不同村庄农户生态保护的机会成本存在一定的差异，对于林地没有被保护区划占的农户，机会成本为 10000 元/户，对于林地被保护区划占的农户，机会成本为 10000 元/户+750 元/亩×被划占的林地亩数，而农户的受偿意愿为 230.66 元/亩·年；余亮亮、蔡银莺（2015）以机会成本为基础，考虑农户受偿的意愿价格，并以此为基础确定农田的生态补偿标准。

从土地生态用途规制的机会成本来看，主要表现为两方面：一是虽然土地用于生态用途是发挥土地的生态功能，对生态环境进行保护，属于公益性质，但是这种公益性质的土地管制，却限制了农地的其他功能，因此，土地用于生态用途本身就会造成土地利用的其他利益损失。也就是土地不能实现"级差"用途带来的最优利益。二是从产权视角来看,它是对农地权利的限制。正是存在以上土地用途规制带来的机会成本,从根本上就产生了一个对土地生态保护下的土地规制的补偿问题。[①] 因此,采取机会成本定价的方法对土地生态用途规制的补偿问题进行分析具有可取性。

从土地生态用途规制的收益来看,就是土地用于生态用途所产生的生态价值。这就涉及一个核心问题:土地作为自然资源的价值问题。马克思在《资本论》中论述了土地资本的二元构成:土地自然资本和土地资本两部分。马克思认为虽然土地资源本身没有价值,但是它有价格。西方主流的经济理论对土地等自然资源的经济价值的认识是不断发展的。古典经济学理论中的自然资源虽然具有使用价值,但是它不具有交换价值。[②] 19世纪 70 年代,西方经济学开始的"边际革命"逐渐改变古典经济学自然观,开始重视研究自然资源的经济价值分析。20 世纪 20 年代至 30 年代,庇古(Pigou, 1920)扩展了自然资源的经济价值分析思路,提出了"外部性"理论,并将产权理论纳入分析框架。后来,霍特林(Hotelling)等对自然资源开采的外部性影响进行了理论探索。20 世纪 60 年代,资源与环境经济学开始兴起。资源与环境经济学在庇古外部性理论的基础上,对环境影响的外部

---

① Geisler, C., "A New Kind of Trouble: Evictions in Eden", *International Social Science Journal*, Vol. 55, No. 1, 2004, pp. 69 – 79; Cernea, M. M., Schmidt-Soltau, K., "Poverty Risks and National Parks: Policy Issues in Conservation and Resettlement", *World Development*, Vol. 34, No. 10, 2006, pp. 1808–1830; Brockington, D., Schmidt-Soltau, K., "The Social and Environmental Impacts of Wilderness and Development", *Oryx*, Vol. 38, No. 2, 2004, pp. 1–3.

② Say, J.B., *Cours Complet D'économie Politique Pratique*, Chez Rapylli, Paris, 1829; Ricardo, D., *On the Principles of Political Economy and Taxation*, Batoche Books, Ontario, (First published in 1817), 2001.

性理论及方法进行了拓展,重视环境资源的经济价值分析。科斯坦扎等(Costanza 等,1997)指出,自然资本提供的服务在经济决策过程中没有充分量化,生态资源在经济发展中的正向影响作用严重被低估。生态系统服务[①]所带来的正外部性需要内化到经济的决策过程中。戴利(Daily,1997)、科斯坦扎(1997)等对生态系统服务(Ecosystem Services)价值理论进行了阐述。实际上将土地等自然资源作为生态服务系统进行分析,其价值是多用途、多功能价值的综合,它既有市场价值也具有非市场价值,既包含使用价值也包含非使用价值。后来学者基于"生态系统服务"价值理论的思想,提出"生态系统服务付费"(Payments for Ecosystem Services,PES)的概念[②]。至于生态系统服务价值的测算方法方面,德·格罗特等(De Groot 等,2002)、弗里曼(Freeman,2003)、帕吉奥拉等(Pagiola 等,2004)、希尔等(Heal 等,2005)对市场价值与非市场价值的测算方法进行了阐述。至此,可以看到在西方主流的经济理论脉络中,关于自然资本经济价值的理论涉及

---

① 舒马赫(Schumacher,1973)开始使用自然资本概念,后韦斯特曼(Westman,1977)、皮门特尔(Pimentel,1980)、蒂博多和奥斯特罗(Thibodeau 和 Ostro,1981)、凯勒特(Kellert,1984)、德·格罗特(De Groot,1987)等开始使用"生态系统服务"概念。目前学术界较有影响力的主要有三种界定。戴利(1997)将生态系统服务定义为通过生物资源及由其组成的自然生态系统满足人类生存的条件和过程。此种定义表明了生态系统对人类生存的重要性,强调生态系统对人类生存的生态产品和服务供给的条件或过程,但是没有从生态系统服务价值功能的角度去阐释生态系统与人类福利的关系。科斯坦扎等(1997)进一步将生态系统服务界定为人类直接或间接从生态系统功能中获取的利益。这种界定将生态系统服务作为产品和服务,强调其满足人类效用的功能价值。后来,MEA(Millennium Ecosystem Assessment,2005)给出了一个具有更广泛意义的界定:生态系统服务为人们从生态系统中获取的利益。

② 它与国内学者提出的"生态补偿"的概念类似。参见 Engel,S.,Pagiola,S.,Wunder,S.,"Designing Payments for Environmental Services in Theory and Practice:An Overview of the Issues",*Ecological Economics*,Vol. 65,No. 4,2008,pp. 663 - 674;Muradian,R.,Corbera,E.,Pascual,U.,Kosoy,N.,May,P.,"Reconciling Theory and Practice:An Alternative Conceptual Framework for Understanding Payments for Ecosystem Services",*Ecological Economics*,Vol. 69,No. 6,2010,pp. 1202-1208。

多个层面,如自然资源价格的"边际理论",典型的如影子价格法,产权理论、公共物品理论、外部性理论、可耗竭资源定价理论、生态系统服务价值理论等,而且越来越呈现出学科间的交叉研究趋势。

国内关于土地生态补偿标准的研究中,提倡考虑生态服务价值的学者,如章锦河(2005)等的研究表明,除考虑退耕还林的直接损失之外,还必须考虑保护区的生态服务价值的评估;马爱慧、蔡银莺、张安录(2010)基于外部性理论,认为耕地生态效应是耕地生态补偿的基础,产权主体应获得耕地生态非使用价值部分补偿;马爱慧、张安录(2009、2010)基于生态系统服务价值理论对跨区域土地的生态补偿问题进行了研究;毋晓蕾、汪应宏、陈常优(2014)基于外部性理论对耕地保护的经济补偿标准进行了研究,指出耕地保护激励基础是外部效益内部化,将其生态环境价值、社会价值显化,在此基础上,要根据人们的意愿价格,确定耕地保护的补偿标准;魏玲、望晓东(2014)认为,耕地具有多重生态服务价值,为生态补偿提供依据,并以武汉市市民和农民为调查对象,研究了居民对耕地生态、服务价值的支付意愿;韩洪云、喻永红(2014)在农户参与的成本的基础上,将生态服务价值纳入退耕还林的补偿标准,研究指出现有退耕还林对农户的补助严重不足;喻永红(2014)指出,退耕还林生态补偿标准最低应弥补农户机会成本,还应包括环境服务的提供成本和实施成本,认为退耕还林补偿应纳入生态服务价值的补偿等。

三、土地补偿标准的价格逻辑

通过对土地管制下的相关文献的梳理,笔者发现,现有文献对土地价格的探讨多集中于征地价格、征地补偿标准问题上,而对土地生态用途管制的价格多从"生态补偿"的角度论述,且对土地生态补偿标准的探讨并不多,这与土地没有或存在不完善的生态产品市场有关,或与土地生态用途本身属于公益性质有关。而实际上,无论是以成本为标准还是以价值为标准,本质上仍是价格问题。即使目前国内对征地价格探讨较多,但是对征地价格定位尤其是涉及土地增值收益分配问题上,学者并没有达成一致意见,主要集中于"涨价归功"问题的讨论。在增值收益分配存在分歧的情形下,征地补偿的标准价格是很难确定的,这表现在补偿标准的"完全补偿"及"不完全补偿"等论点的分歧上。越来越多的学者认识到土地市场价值作为征地补偿标准的重要性,从现代产权理论着眼,还原农地原有价值及价格,可以预想的是,随着农地市场化的发展,以现代产权理论为基础的农地价格将越来越占据主流。那么,对于土地用途管制的另一个重要内容:土地生态用途管制的价格问题,学术界很少提及或讨论。在本书的文献梳理中,指出土地生态补偿及"生态补偿"标准的研究中,主要有两个视角:一是成本视角,二是价值视角。成本与价值之间的内在主线实质上仍是价格,只不过,这种"价格"缺乏一定的市场依据,因此,国内学者多试图利用"假设市场法"、旅行成本法等非市场价值评估手段对土地所有者或居民的意愿价格进行调研分析。然而,国内学者在研究中仍然存在一定的理论"盲点":对定价的本质问题,尤其是直接成本与机会成本在定价中的作用缺乏理论研究,大多学者并没有对二者进行一个严格意义上的理论甄别及界定。

第五节 现有研究的问题及研究视角

纵观土地价格理论的发展,始终避不开"租金"的话题。马克思在《资本论》中对地租的论述,主要从地租的价值来源及地租的社会属性进行了论述。而西方现代租金理论的发展也丰富了租金与价格的理论内涵。西方土地市场价格理论的发展具有很好的借鉴意义。西方土地市场价格理论以供求规律作为分析土地市场价格的思想工具,而学者在研究土地价格变动时,租金则主要作为土地的需求决定因素进行分析。大部分研究基于古典经济理论传统的土地供给假说,将需求作为土地市场价格的主要决定因素,而租金则是主要的需求因素,随着土地的级差利用,从早期的"农地租"到其他非"农地租"因素都对土地市场价格产生影响,因此西方学术界对土地市场价格的决定因素存在一定的理论分歧。这就需要理顺一个基本关系:租金与市场价格究竟存在什么内在逻辑关系? 马克思曾对地租与土地价格的关系进行了论述,认为土地价格即地租的价格,那么对于"什么是地租""什么是租金"这都是非常重要的理论问题。

而要研究租金与市场价格的关系,首先就要回答租金与均衡价格的内在逻辑关系。显然,如图 2-1 所示的均衡价格是供求均衡下的情形。马克思的《资本论》也并未否认供求规律对商品市场价格的作用。那么,一个问题是,按照图 2-1 所示的 MR 曲线如果表示租金曲线,那么相应的问题 MC 究竟是什么? 这从根本上涉及定价的一个核心问题,就是均衡价格的成本基础是什么? 这就要回答租金定义的成本究竟是什么,是直接成本还是机会成本。这也是西方古典租金理论和新古典租金理论在"租金"的定义中争论的核心问题。另外,国内学者在讨论征地价格或土地生态补偿标准上往往忽略了一个重要问题:定价的成本基础究竟是什么? 有的学者虽然以机会成本作为定价标准,然而在论述中往往不能对机会成本与直接成本或实际成本进行严格的理论区分,产生研究的混乱问题。因此,本书首先需要对租金与价格的理论脉络进行阐述,对租金的定义的成本基础及租金与价格的关系进行分析。

马克思在《资本论》中对获取地租产生的社会属性进行了论述,指出土地所有权本身就会产生地租。早期国内学者在《资本论》的框架下探讨地租、地价时受到土地所有权共有还是私有问题的困扰,到后来学术界对征地的增值收益"涨价归功"与否的讨论实质上也反映了这个问题。然而,现行土地所有权"意识"下的农地制度却不符合现代土地市场化发展的趋势。随着土地市场化的发展,尤其是近年来农地制度的改革,基于市场理论的现代农地产权制度改革逐渐引起学者的关注,而建立在现代产权制度上的土地市场价格机制也将引起更多关注。本书将基于市场的逻辑,在现代产权理论的基础上对土地租金价格问题进行研究。以租金理论为暗含的主线,对现代租金的定义及其与价格的内在逻辑进行分析,并应用于土地租金价格的理论和应用分析中。

无论是租金的定义、租金与市场价格的理论关系探讨,核心的部分或目的是对土地租金价格进行理论及方法的探讨。本书将在租金与市场价格理论梳理的基础上,对土地资源租金价格进行理论探讨,构建了土地租金价格的动态最优模型,并进行了应用分析,回应了土地补偿标准问题。

第三章　产权、租金与租金价格的理论阐释

本章是产权、租金与租金价格理论分析部分。本章以"租金"为准绳,对土地级差用途收益背后的深层经济学逻辑进行了分析和梳理。从现代租金理论出发,分析了租金、价格及其与产权的内在逻辑关系。

第一节　土地用途级差收益与租金价值

显然,大部分学者看到了土地作为自然资源具有多功能用途,也即土地用途具有级差性。李嘉图的"级差性"思想的伟大之处在于其不仅适用于土地资源,还对其他事物的解释具有适用意义。而土地用途的级差性决定了不仅包括农用地收益,还包括其他用途带来的收益,而这种收益基于不同视角的理解也不相同。从社会学的角度来看,可以理解为土地具有社会保障、就业等收益,从经济学角度可以理解为产权收益、财产权收益。然而,无论从哪种

角度,都可以归结为因土地级差用途带来的收益。

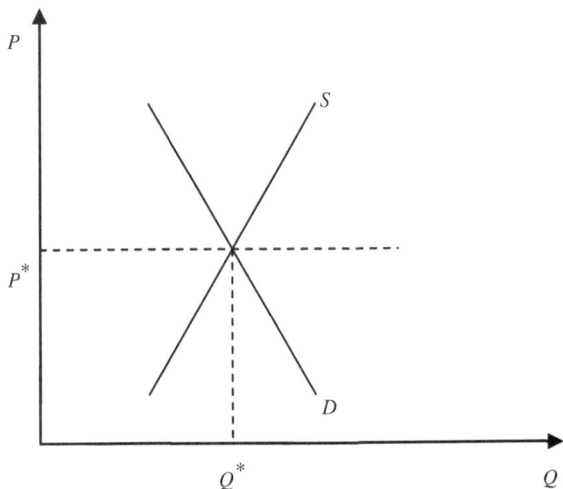

图 3-1 租金的供需均衡

那么,一个根本性的问题在于,土地用途的级差收益应该怎么理解?这就首先需要理解什么是"收益"。而其中一个核心问题是为什么会产生"收益",这也是经济学的一个基本问题。从经济学逻辑上来讲,一切经济活动都是由供需决定的,没有需求也就没有所谓的"收益",没有收益也就无所谓供给。只有使从事经济活动的个体从交易中获利,才能推动经济活动的不断进行。因此,"收益"同样可以用供需去解释。而价格机制就是调节个体收益的基本机制。从深层次来讲,获取价格利益的最终目的不是弥补成本而是获取利润,而这个"利润"即"经济盈余",这也是经济学意义上"租金"概念的由来。而获取租金是一切经济活动的动力源泉,因此,可以以租金为准绳,将供给与需求联系起来(可以理解为租金的供需曲线,这在前文已经论述,不再赘述),如图 3-1 所示。

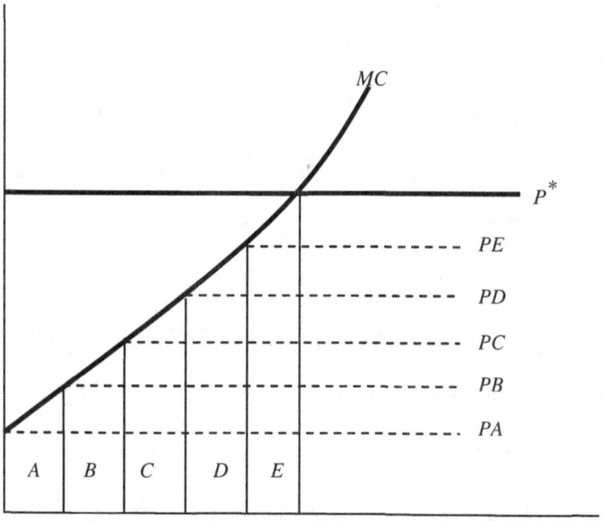

图 3-2 土地用途级差收益

那么,土地级差收益可以用图 3-2 解释。由于土地用途的级差性,假如有 A、B、C、D、E 五种用途,每种用途都有相应的供需曲线,对应的价格分别为 PA、PB、PC、PD、PE。有学者认为土地各用途的综合价格,即土地价格是"社会保障权价格+财产权价格+…+生存权价格",显然这种"面面俱到"的做法不符合市场逻辑。从市场视角来看,假设最优用途的收益为 P^*,显然 $P^* \neq PA+PB+PC+PD+PE$,原因是土地用途具有替代性。当然,作为产权主体会考虑土地用途的各种功能定价,假设 PA 为最基本的土地保障价格,那么,PB、PC、PD、PE 用途显然也包含了这部分价格(土地经济用途本身就包含了社会保障的因素),这是各土地用途供需作用的结果,也是产权主体市场交易的选择,只不过对于产权主体而言需要选择土地的最优用途,即选择哪种用途能够使产权主体的收益最大。

显然,在土地级差用途下,反映土地价值的价格是由供需决定的。一个根本性问题是,供需究竟反映了什么的供需? 而这需要理解租金的含义及租金与价格的内在逻辑关系。马克思在《资本论》中已经将地租与地价的关系进行了深入分析,不过,马克思在论述中多将地租与土地所有权联系在一起。西方主流土地市场价格理论也注重地租与地价关系的分析,不过对地租的定义存在争议。这就需要从根本上厘清租金与价格的内在逻辑关系。西方主流租金理论中的"租金"从最初的地租到更为广泛的意义为我们分析现代产权理论基础上的地租与地价的关系提供了理论参考。本章进一步分析西方主流租金理论的发展脉络,对租金与价格的逻辑关系进行梳理,从而为土地资源租金价格的分析提供理论基础。

第二节　现代租金与价格的理论脉络

一、稀缺

稀缺[①]和需求是经济学理论中两个最基本的思想[②]。麦康奈尔(Mcconnell, 1963)曾扼要地指出:"在经济学领域有两个基础的理论支撑……(1)人类欲望(需求)是无限的或无法满足的……(2)经济资源是有限的或稀缺的……","所有经济资源……有一个共同的基本特征:是稀缺或供给有限的……这就是我们所要消费的各种可供应资源……这些资源……相对于我们的需求是稀缺

---

① 《韦氏新世界词典》将稀缺定义为"供给不足,缺乏,稀有"。

② Daly, H. E., " Steady-State Economics versus Growth Mania: A Critique of the Orthodox Conceptions of Growth, Wants, Scarcity, and Efficiency", *Policy Sciences*, Vol. 5, No. 2, January 1974, pp. 149–167.

的。"因此,稀缺是个相对的概念,它是相对于人类的需求而言的。而需求是产生稀缺的社会根源,没有需求也就没有所谓经济意义上的"稀缺",二者在某种意义上是辩证统一的。

西方经济学历史中,"稀缺"假说思想的发展主要经历了三个阶段:一是"稀缺"假设隐含在经济社会的起源理论中。古代哲学家柏拉图(Plato)认为,整个社会(包括国家)的起源是"人类的需求"。他认为,人类是"无法自我满足的"。这种需求的无法满足性是产生商品交易等一切社会活动的根源。人类需求的无法满足性暗含了资源的相对稀缺性,成为西方经济学思想的理论渊源。二是亚当·斯密和其他古典经济学家继承了柏拉图的思想,强调了"稀缺"假设在市场机制和经济理论中的作用,将其与政治理论区分开来。亚当·斯密的《国富论》的立论基础就是"稀缺"假说。他认为,劳动是满足需求的财富的来源,虽然能满足一时之需,但是同时认为,人类的欲望是不断膨胀的:"人类对建筑物,服装,服饰饰品,和家具的需求……这些欲望是不能满足的,似乎完全是无止境的。"这种一脉相承的"稀缺性"思想是西方经济学理论发展的主要理论基础。三是主观、心理或边际效用学派正式将"稀缺"作为市场价格理论的基础,是由于他们试图以"稀缺"假说为基础,构建市场价格理论体系,如我们熟知的供给与需求规律,认为市场价格依赖于供给对需求的相对稀缺性。英国经济学家罗宾斯(Robins,1932)第一次正式地将"稀缺"引入经济学,成为现代经济学理论研究的基本假说。

值得一提的是,马克思的《资本论》也是基于"稀缺性"发展起来的科学理论。在《资本论》中,虽未提出"稀缺性"假说,但是在其理论体系及相应概念介绍中,体现了稀缺性问题。如在马克思

《资本论》第一卷中关于货物及生产的四种情形中,典型地体现了稀缺在马克思政治经济学理论中的作用。不过,马克思认为稀缺是由资本主义生产数据私有制造成的,他强调了所有权在产生稀缺与贫困中的作用,并认为随着生产力的发展,人类最终会摆脱稀缺,实现共同富裕。这与西方主流的经济学思想是有区别的。

西方主流经济学关于稀缺思想主要分为两个脉络体系:

一是"绝对稀缺"论。主要代表是马尔萨斯(Malthus,1789)提出的人口原理。他认为,"人口若不受到抑制,便会以几何比率增加,而生活数据却仅仅以算术比率增加",即会形成资源的绝对稀缺性与人口不断增长的矛盾,引发人口增长的资源危机。绝对稀缺是总体上的资源稀缺,随着人口的增长和消费增加将使人类更接近资源的极限承载力,它不会随着替代资源的出现或技术进步而消除。按照西方经济学理论的说法,即资源长期供给无弹性。20世纪60年代末70年代初,自然资源的稀缺性问题引发世界性的关注,在此期间,"新马尔萨斯"学派的文献开始出现,预测快速增长的人口会很快超越资源承载力导致环境退化、饥饿传播和暴力冲突。[1] 罗马俱乐部在《增长的极限》中延续了马尔萨斯的"绝对稀缺"论,认为随着人口增长、资源、环境污染增加,全球性的增

---

① Ehrlich, P.R., *The Population Bomb*, New York: Ballantine, 1969; Hardin, G., "The Tragedy of the Commons", *Science*, Vol. 162, No. 3859, 1968, pp. 1243–1248; Myers, N., *Ultimate Security: The Environmental Basis of Political Stability*, New York: Norton, 1993; Renner, M., *Fighting for Survival: Environmental Decline, Social Conflict, and the New Age of Insecurity*, Environmental Alert Series, New York: Norton, 1996; Ehrlich, P.R., Ehrlich, A.H., *Betrayal of Science and Reason: How Anti-Environmental Rhetoric Threatens Our Future*, Washington, DC: Island, 1996; Homer-Dixon, T.F., *Environment, Scarcity, and Violence*, Princeton, NJ & Oxford: Princeton University Press, 1999; Gleditsch, N.P., Urdal, H., "Ecoviolence? Links Between Population Growth, Environmental Scarcity and Violent Conflict in Thomas Homer-Dixon's Work", *Journal of International Affairs*, Vol. 56, No. 1, 2002, pp. 283–302.

长极限将会到来。马尔萨斯的理论受到学者的质疑,但是,他的理论值得我们反思。诚然,从总体意义上来讲,技术进步、生产力提升以及替代资源的出现会减缓甚至消除资源的绝对稀缺,但是对于个别资源的绝对稀缺是现实客观存在的。典型的例子是物种灭绝的速度正在加速。随着经济增长出现的环境外部性问题正在凸显,这也是许多学者至今仍然秉承马尔萨斯理论的现实依据。例如,霍特林(1931)发表的《可耗竭资源经济学》将资源的绝对稀缺假说运用到可耗竭资源的动态定价分析中,奠定了可耗竭资源经济学的理论基础。

二是"相对稀缺"论。主要代表是李嘉图(1817)完成的《政治经济学及赋税原理》。李嘉图否认马尔萨斯的"绝对稀缺"理论,否认自然资源利用的绝对极限。他认为土地资源具有"级差性",并随着"集约边际①"(Intensive Margins)和"粗放边际②"(Extensive Margins)利润的持续递减具有不同的供给。他强调资源的"级差性"和生产率的作用,这种天才思想无疑是基于现实的高度抽象。卡萨罗萨(Casarosa,1978)、霍兰德和希克斯(Hollander 和 Hicks,1977)、帕西内蒂(Pasinetti,1975)、萨缪尔森(Samuelson,1959、1978)等基于李嘉图的"集约边际"理论进行了应用分析,他们在假定土地同质且供给固定的前提下,运用二次可微古典生产函数(Twice-Differentiable Neoclassical Production Function)对边际生产力递减规律的揭示。威克斯特(Wicksteed,1914)等的思想则受到李嘉图"粗放边际"理论的影响,在他看来,

---

① 在这里的"集约边际"是指同一土地用途下,随着土地生产力的变化而产生的边际效应。
② 在这里的"粗放边际"是指在不同土地用途下,因为土地用途的"级差性"而产生的边际效应。

土地边际生产力递减，只能存在于土地的级差性上，即从最优到最劣依次递减。"新李嘉图"学派继承了李嘉图关于稀缺的基本思想，认为"资源是部分稀缺的，而不是总体上不可避免的绝对稀缺"。在他们的世界里，随着科技的进步，资源总体上的绝对稀缺甚至部分资源的相对稀缺性也会消失。这是典型的乐观派的观点。新古典学派则重视市场机制在资源分配中的作用，认为一种资源越是稀缺，市场价格也就越高，从而迫使人们不断寻找该资源的替代资源。

也有学者既认识到了资源绝对稀缺性，也认识到技术进步在解决资源稀缺中的重要作用。典型的代表是穆勒（Mill,1848），他提出了关于资源与增长的"静态经济"思想，他承认资源"绝对稀缺"的存在性，同时认为随着技术进步会拓展这一局限，强调二者的"平衡"。

二、租金与价格

"租金"理论是价格理论的核心。要探讨土地补偿标准问题，就根本上而言，需要理顺土地价格的现代组成部分，这也是本章梳理西方主流租金理论的主要原因。

要理解租金理论的发展脉络，需要探究西方主流租金理论的发展逻辑：现代经济学"租金"理论的假设前提就是"稀缺性"假设。没有相对需求的供给稀缺性也就无所谓租金的产生。从某种意义上来讲，稀缺是租金产生的充分条件。伴随经济学家对"稀缺性"的认识，西方主流的租金理论经历从古典租金理论到新古典租金理论再到现代租金理论的发展过程。马克思的租金理论继承并批判了古典租金理论，开创了不同的理论体系。马克思的租金理论与西方主流租金理论的根本不同在于,马克思强调资本主义私有制或所有权是稀缺及地租产生的社会根源,并为我们从产权视角研究租金提供了科学的理论支撑。本章主要梳理西方主流租金理论的发展脉络,并对比马克思地租理论,为土地租金价格的现代解读提供理论参考。

亚当·斯密等古典经济学家将"租金"视为使用土地要素的"剩余"部分,也即土地收益减去土地成本的剩余部分,称为"剩余租金"理论。这个时期起源于亚当·斯密时代,主要作品有配第(Petty,1662)的《赋税论》、亚当·斯密(1776)的《国富论》。李嘉图(1817)则是"剩余租金"理论的集大成者,其主要代表作是《政治经济学及赋税原理》。李嘉图将租金定义为"使用土地的原有和不可摧毁的生产力"所作的支付。同一时期代表作品的还有马尔萨斯(1815)的《关于地租之性质及其进步的研究》、爱德华·威斯特(Edward West,1815)的《关于资本应用于土地》、罗伯特·托伦斯(Robert Torrens,1821)《论财富的生产》等。有趣的是李嘉图与马尔萨斯在资源稀缺性问题上存在分歧,但是在租金理论上,尤其是涉及土地的供给上二者具有一定的相似性。这一时期,"剩余租金"理论的暗含假定是土地供给长期无弹性。也即假设土地只有一种用途(生产谷物),而没有其他用途,不存在替代性。因此,土地供给相对需求而言是"绝对稀缺",不随价格的变化而变化。虽然,李嘉图的"租金理论"的基本假定也基于此,但是李嘉图也意识到土地的"级差性",即土地质量具有差异性(虽然土地总量给定),这实际上暗含了土地用途的部分可替代性,不过李嘉图并没有完全跳出亚当·斯密对土地供给假定的传统模式。他发现了"地租"产生的原因,指出地租上升是由土地肥沃性下降或丰腴程度降低("粗放边际"利润率降低)和劳动量增加从而单位产出降低导致的生产成本上升("集约边际"利润率递减导致的地租)。他的"集约边际"与"粗放边际"生产率递减理论,为后来新古典学派提出的"边际生产力"租金理论埋下了伏笔。

新古典租金理论或者"边际生产力"租金理论与古典租金理论对租金的定义是存在歧义的。歧义的根本点在于新古典租金理论与古典租金理论对租金定义的两个基本概念:机会成本、实际成本的差异。这导致二者对租金是否进入商品的边际成本产生歧义。马歇尔(Alfred Marshall)是由古典租金理论到新古典租金理论转变的关键人物。但马歇尔自身对租金的定义是矛盾的。马歇尔自身定义矛盾的根本原因是其并没有认识到定义租金的实际成本与机会成本的区别,他在定义租金时,假设机会成本与实际成本是一致的,这也加深了经济学界对租金理解的矛盾。威克斯特是一个典型的例子。他花了较长时间去证明租金用"剩余"与边际的方法计算是相同的,这显然走进了误区。马歇尔并没有充分认识到租金作为一个剩余报酬的概念在土地存在替代性(有机会成本)与供给无弹性之间的细微差别。就总体视角而言,即从社会的角度来看,马歇尔可能是正确的,因为若土地供给无弹性,即不存在机会成本,也就不会存在租金定义的歧义。但是,就个体视角而言,土地不存在替代性的假设是站不住脚的。与他同时代的经济学家如穆勒·杰文斯(William Stanley Jevons)开始对其观点产生了质疑。但是,马歇尔并没有认识到自己的逻辑矛盾;相反,他的论述中处处体现着实际成本与机会成本之间的"平衡"。他一方面基于李嘉图的"集约边际"与"粗放边际"理论认为租金并不进入商品的边际成本。主要理由是最后一单位劳动投入(或资本)的产出报酬(在"集约边际"与"粗放边际"生产力递减的作用下),它仅仅能够支付劳动(或资本)的成本,而不产生租金。由此,他认为"……地租进入土地产品价格:是错误的"。但是,另一方面他的逻辑又否认了他前面的论述:"土地适用于需求与替代法则……它像资本或劳动一样,从一种用途到其他用途不断转换,直到没有任何一单位产出收益。……工厂的收益……同样适用于土地产出收益。在任何情形下,收益趋同于产品的净边际产品价值……"这显然将租金的定义与边际生产力理论联系起来,认为土地具有替代性,即存在土地的机会成本。其他经济学家也对租金的"边际生产力"理论作出贡献:卡尔·门格尔(Carl Menger)、庞巴维克(Eugen von Böhm-Bawerk)、约翰·霍布森(John Atkinson Hobson)、约翰·贝兹·克拉克和帕累托(Vilfredo Pareto)等。

　　虽然,马歇尔对租金的定义存在自我矛盾,但是他对租金理论的贡献是具有代表性的。他认为所有的地租都包括稀缺地租和级差地租。马歇尔认为,"所有的地租都是稀有地租,所有的地租都是级差地租",他将地租的一般形态很好地做了阐释。马歇尔很好地抓住了"稀缺性"的普遍法则,从广义上对地租产生的本质特征做了抽象概括。同样,他也继承了李嘉图的租金理论的基本思想,揭示了世界有多少不同的可能性就会有多少地租形式的存在。从土地资本的差异到机器、设备、企业家、人才等任何资源的差异存在,都可以归入"级差性"法则,将李嘉图的边际生产力递减原理进一步扩展,则形成了现代经济学的基本原理。"稀缺性"与"级差性"二者统一于租金理论,可以说是不可分割的。许多学者将级差租金与稀缺租金区分开来的做法实则会引起歧义。马歇尔还将"准地租"与古典租金理论的"地租"概念区分开来。古典租金理论的"地租"相当于所谓的"经济租",指土地资源长期供给无弹性下,使用土地资源所做的支付。对土地资源的支付的多寡不影响土地资源的总量供给。而马歇尔则将时间因素纳入分析,指可供使用的土地资源在短期内供给无弹性,用户所做的支付即"准地租"("准租")。可以看出,"地租"("经济租")与"准地租"("准租")的区别在于时间长短,一个可以看作是固定资本的短期收入(资本折旧费或利息),另一个可以看作是固定资本的长期收入(由产品价格决定,本质是一种"剩余")。"准租"的提出弥补了租金理论发展的缺陷,使租金理论从地租理论进一步得到延伸扩展。"准租"的重要性在于它揭示了经济运行的一个基本规律,只要占有某种优势资源在短期内就能获得利润,无论长期利润是否为零,就会刺激投资者经营生产,这是"创租"的过程。而竞争的过程就是"寻租"的过程,或者"租值消散"的过程。它的一般意义在于,通过"创租"到"寻租"到"租值消散"不断往复,不断推动整个经济社会的前进步伐。这就是熊彼特(Schumpeter)所谓的创造性毁灭的另一种表达。只要存在短期的资源供给稀缺,无论边际生产利润是否存在递减、土地肥沃度是否存在差异,都会产生租金。一切资源无论是优的还是劣的,只要存在供给不足以满足需求,使用这种资源就会产生租金。正如帕累托所认为的:"酬付土地使用的金额和酬付其他各种资本使用的金额在本质上没有区别,因为这样的资本从经济上说是稀少的。"从现代经济学意义上来讲,价格是由供求规律内在决定的,而供求规律作用的前提正是"稀缺性"假设,这使李嘉图的租金理论(租金产生由收益递减规律决定)大打折扣。

回到上述问题,解开马歇尔关于租金定义逻辑矛盾的钥匙是:

租金究竟是否进入产品的边际价格。这需要理解机会成本与实际成本的区别。机会成本意味着使用资源的一种用途会放弃其他用途的最大收益或使用一种资源所放弃的使用其他资源的最大收益。机会成本存在的原因在于人们面临多种选择，而正是稀缺性的存在，迫使人们必须作出选择，选择一种资源或用途就要付出放弃其他机会的权利。所以机会成本存在的资源供给条件是，资源供给存在"级差性"或替代性，这也是租金"边际生产力"理论成立的前提。而实际成本是不考虑替代性的直接成本，譬如古典租金理论定义租金的实际成本实际上就是平均可变成本（AVC）。那么，就不难理解，在机会成本与实际成本差异基础上，租金的定义是存在根本性不同的。以机会成本代替实际成本定义租金的典型代表是帕累托（Pareto）。他将租金（经济租）定义为收益超过机会成本或所谓"转移成本"（Transfer Cost）的剩余部分。而基于实际成本定义租金（长期来讲为经济租，或者短期来讲为"准租"）就是收益超过平均可变成本的部分，或可视作固定资本的利息。当然，当资源不存在替代用途时，即资源供给无弹性时，用实际成本定义租金本身没有什么歧义，然而，现实的例子往往并非如此。以资源"拍卖"为例，在竞标的过程中，不断飙升价格，直到出到最高价为止。那么这种资源价格由什么决定？为什么竞标者愿意出最高价码购买？答案是竞标者得到这种资源可以获取在其他用途的租金。为某一资源愿意付出价格是因为使用该资源在其他用途可以获得租金，而为某一资源所愿意付出的最高价格恰好等于使用该资源在其他用途中所获取的最大租金。现实的例子比比皆是，这就是典型的机会成本问题。因此，在完全竞争市场中，边际价格＝边际机会成本，而帕累托意义上的"租金"（"经济租"）消失了。

那么,从机会成本定义租金的角度,租金部分或完全进入(供给无成本)产品价格的边际成本。所以,当使用资源存在机会成本时,或供给有弹性时,用实际成本定义租金不符合现代价格理论的核心思想。

经过帕累托的定义,现代租金理论的基本公式可以表示为:当供给无成本时,租金=机会成本+经济租。当完全竞争时,不存在经济租,即租金=机会成本。若资源只有一种用途,即不存在机会成本,那么租金的表现形式就是经济租。古典租金理论意义上,所谓的租金不加入产品的边际成本就是从经济租的视角来看的。经济租本质上是一种超额利润,是收益超过机会成本的部分。而在完全竞争市场上,并不存在超额利润,因此,租金=价格=边际机会成本。从此意义上讲,"经济租"的存在本身就意味着一个非完全竞争的市场结构。在非完全竞争市场结构中,垄断形式的存在导致的租金被经济学家称为"垄断租"实质上属于"经济租"范畴,因为垄断租本质上是一种超额利润。只要垄断形式存在,不论是短期还是长期,"经济租"就不会完全消散。这里需要强调的是租金的另一种重要表现形态:级差租金与机会成本的内在逻辑关系。阿尔钦安(Alchian)在《新帕尔格雷夫大辞典》(*The New Palgrave Dictionary of Economics Online*)中,进一步区分了级差地租的两种形式:"李嘉图租"和"级差租"。一种资源在其他用途中是同质的,但是在同一用途中却存在"级差性",所产生的租金就是"李嘉图租金"。另一种资源在其他用途中存在"级差性",而同一用途是同质的,这就是"级差租金"。后文分析将参照阿尔钦安的分类方法。正是由于资源级差性的普遍存在,才使得资源用途像"等级"一样存在高低不同的"边际生产力",才会出现选择某种资源用途要放弃其他用途的不同"边际报酬"。而级差租就是使用某种资源所能得到的最高边际报酬与最低边际报酬的差额,它实质上是由个体能力、资质等差异性所导致的相对个体而言所获得的超额利润。而机会成本是使用资源所放弃的最高收益,因此,机会成本相当于"标杆",它衡量了不同个体所获得级差租的大小。在完全竞争市场,级差租金可以用价格线与边际成本线之间的部分表示,如图3-3所示。

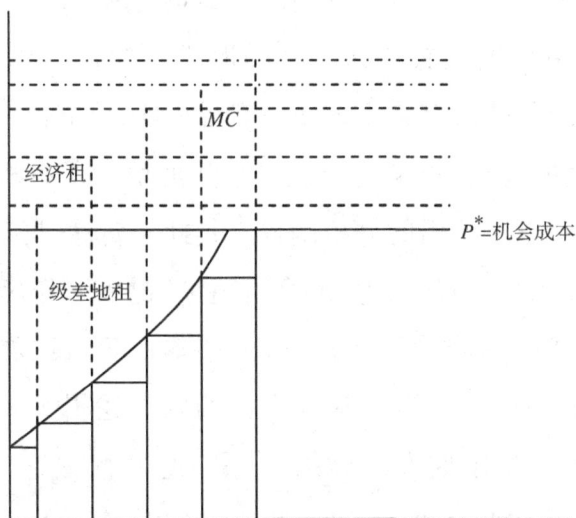

图3-3 现代租金理论"租金"与价格的基本表示方式

因此,现代租金理论的"租金"的另一种表达方式可以表示为:租金=级差租金+经济租金。

而马克思在《资本论》中,将地租表示为:地租=级差地租+绝对地租。我们可以发现,现代租金理论与马克思租金理论的基本表现形式具有相似性。只不过二者的体系不同。现代租金理论认为租金来源的假设前提是存在"稀缺",即供给不足以满足人类不断膨胀的需求。而马克思更多地基于劳动价值论对地租的社会属性进行了解剖。马克思是典型的将产权与地租结合起来分析的政治经济学家。马克思也强调级差地租,他继承了李嘉图关于级差租金的思想,提出了级差地租的两种形式:级差地租Ⅰ和级差地租Ⅱ。其中,级差地租Ⅰ是土地肥力和土地位置差异带来的超额利润,级差地租Ⅱ是由追加投资带来的超额利润。这种级差地租获得的前提正是土地所有权。在他的《资本论》关于地租的阐释中,处处体现着土地所有权与地租的内在关联。例如,马克思认为,"土地所有权本身已经产生地租",即"绝对地租",并认为地租的本质特性是"不论地租有什么独特的形式,它的一切类型都有一个共同点,即地租的占有是土地所有者借以实现的经济形式,而地租又是以土地所有权,以某些个人对某些地块的所有权为前提"。可以看出,马克思对地租的分析侧重于其社会属性,将地租产生与土地所有权紧密联系起来,为"剩余价值论"的展开作出铺垫。

总之,在稀缺性假设的前提下,从成本视角可以看出西方主流经济理论下,租金、价格及其与产权的内在逻辑关系。将稀缺理论可以分为两条主要发展脉络:一是"绝对稀缺论";二是"相对稀缺论"。并在此基础上,可将租金、产权、价格的内在逻辑贯穿起来。在"绝对稀缺"思想脉络下,假定供给无弹性,此时不存在机会成本,而主要以实际成本定义租金和价格,典型的就是古典经济理论中对租金和价格的定义。此时,租金的主要形式是经济租,而不存在级差租,因为不存在土地资源的替代性问题。而在"相对稀缺论"的思想脉络下,土地资源存在一定的替代性,这时候就有机会成本的存在,租金的形式主要表现为经济租和准租。新古典租金的边际生产力理论主要是基于"相对稀缺"的思想发展而来的。经过帕累托的定义,现代租金理论的基本公式可以表示为：当供给无成本时，租金＝机会成本＋经济租。当完全竞争时，不存在经济租，即租金＝机会成本。而正是因为"稀缺"的存在，才需要产权的界定以保障租金的实现，然而产权界定存在一定的费用，这个费用就是我们熟知的交易费用。

另外，通过比较马克思地租理论与现代租金理论的不同，发现马克思租金理论强调土地所有权在地租形成中的作用。而要解释现实土地补偿标准的租金价格问题离不开"产权"这个话题，因为"产权"是分配理论的核心。对于中国现行土地流转价格体系改革而言，市场化改革是趋势，因此，需要借鉴西方现代产权理论与租金理论，为土地资源补偿问题提供理论阐释。

第三节 现代产权的逻辑与"租值消散"

一、现代产权的逻辑

产权理论从科斯对外部性理论的阐释开始，经过诺斯（North）、巴泽尔、阿尔钦安、德姆塞兹（Demsetz）等进一步努力形成了较为完整的体系。现代产权制度建立的理论假设前提也是稀缺。正是因为资源"稀缺"的存在，才会产生需求者的竞争以获得资源消费的权利，而约束竞争者侵害他人利益的基本规则就是产权制度。正如马克思的地租理论所揭示的土地所有权在获取地租中的作用一样，现代产权制度的建立健全也是保障租金实现的基本前提。

那么产权究竟是什么？以两个经典定义进行说明。《牛津法律大辞典》（*The Oxford Companion to Law*）认为产权："亦称财产所有权,是指存在于任何客体之中或之上的完全权利,它包括占有权、使用权、出借权、转让权、用尽权、消费权和其他与财产有关的权利。"它强调了产权的法律属性,即对"客体"(物)的财产所有权。《新帕尔格雷夫经济学大辞典》(*The New Palgrave Dictionary of Economics Online*)则给出了一个经典的经济学概念,认为:"产权是一种通过社会强制实现的对某种经济物品的多种用途进行选择的权利。"所谓的"社会强制"即产权建立的社会约束,它不仅仅指法律、法规的约束还包括社会礼仪、风俗习惯的约束。[1] 这是产权的"强制性"特点。而产权建立的目的是实现对稀缺资源使用或选择的权利。[2] 要保障这种权利不被侵害,就需要具备"排他性"的特点,同时实现资源使用的权益,就需要进行产权交易,因此产权也具有"流转性"的特点。佩乔维茨(Pejovich,1990)认为,一个有效的产权结构应当具有排他性、可流转性和有保障性。

二、产权弱排他性下的"租值消散"

(一)"产权公共域"与"租值消散"

要保障产权的完整性才能获取租金。这就是产权与租金的内在关联。但是,如果产权不完整,或存在"残缺"就意味着对经济物品用途进行选择的权利受到限制,也即丧失了通过某些经济用途获取租金的权利。那么造成产权不完整的原因是什么? 巴泽尔(1989)在《产权的经济学分析》(*Economic Analysis of Property*

---

[1] Alchian, A., "Some Economics of Property Rights", *Political*, Vol. 30, No. 10, 1965, pp. 816−829.

[2] Alchian, A., Demsetz, H., "The Property Right Paradigm", *The Journal of Economic History*, Vol. 33, No. 1, 1973, pp. 16−27.

Rights)中完整阐述了"产权公共域"理论。那么,什么是"公共域"?这是一个抽象的说法,从"公共资源"思想转化而来,意指"无主"的部分。他从两个角度分析了"产权公共域"产生的原因。一是从交易费用的视角分析了"产权公共域"的原因。他认为"权利的界定受个人最优化的影响;这种界定要消耗资源,完全界定的成本更是非常高的。因此产权永远不会是完全界定的"。在他看来,只要交易费用为正,完全界定产权就是不可能的,就会存在一部分利益或"租"①留在"公共领域"内。正如生产厂商一样,当生产所获取收益不足以弥补平均可变成本时,他就是亏损的,厂商就会选择放弃生产。而产权界定的原理也是如此,产权界定者需要衡量产权界定的交易费用与获取租金的大小来决定是否保留产权。汪丁丁(1995)认为,在产权"公共领域"的边界上,界定产权的边际费用等于保留产权的边际价值。

而事实上,界定产权是要花费费用的。在界定产权的过程中,总受认知水平(主观因素)及技术条件(客观因素)的限制,因此,清晰界定产权是个渐进的过程,这个过程伴随资源的消耗。而现代产权理论,虽然提到了"租"的概念,但并没有清晰界定这个"租"究竟是什么,这导致学者对租金与交易成本的关系并没有认识清楚。在上文结合现代产权理论与现代租金理论所得的几个基本公式中,可以看出使用资源的机会成本与产权界定的交易成本的内在关联。就如上文在阐述机会成本与租金的关系中的逻辑一样,如果使用资源在其他用途能获得最大收益,人们就愿意花费在使用该资源中产权界定的交易费用,也就是说人们所愿

---

① 周其仁:《公有制企业的性质》,《经济研究》2000年第11期等。

意付出的产权界定的交易成本是以使用该资源的最大收益为标尺的。

巴泽尔指出造成产权不完整的第二个原因是国家"干预"。他认为,国家的任何经济干预都是对产权的限制。持同样观点的学者如埃格特松(Eggertsson,1996)、罗必良(2011)等。这意味着,国家干预本身就是限制产权主体对资源用途进行选择的权利,换句话说,就是限制产权主体获取使用资源某些用途的租金。就根本上而言,这是一种资源利用的扭曲行为,通过限制产权主体资源利用的权利,以使部分资源用途的租金留在"公共域",从而为"寻租"(Rent Seeking)行为创造了条件。现在,可以得到一个基本推论:如果国家限制的产权部分,正是使用资源用途可以获取最大收益的部分,这意味着国家通过限制资源利用的机会成本进而影响产权主体获取租金的大小。这是国家通过产权限制以达到调控价格的根本目的所在。

(二)价格管制与"租值消散"

从深层逻辑来讲,价格管制的重要体现即"租值消散",用图3-4表示。巴泽尔(1996)曾经对价格管制造成的"租值消散"问题进行了论述。巴泽尔研究指出当价格受限时,会产生其他机制,例如排队等候,这是一种"租值消散"。可以看出,造成"租值消散"的主要原因正是价格管制,造成社会福利的损失。给予管制价格 Control P,使 Control P 到 P^* 的利益进入"公共域",而这为"寻租"[①]

[①] "寻租"理论来源于塔洛克(Tullock,G.,1967)的"关税、垄断和偷窃的福利成本"一文,后经克鲁格(Krueger,1974)、波斯纳(Posner,1975)、罗杰森(Rogerson,1982)、希尔曼和卡茨(Hillman 和 Katz,1984)等逐渐发展而来。

创造了条件。而"寻租"的过程,伴随着"租值消散"①或"租金耗散"(Rent Dissipation)。"寻租"即利益攫取,具有"掠夺"之意。攫取会带来损失,即"租值消散"。这是因为,攫取会造成产权主体利益损失,即产权主体的部分进入"公共域"的租金被其他主体占有。

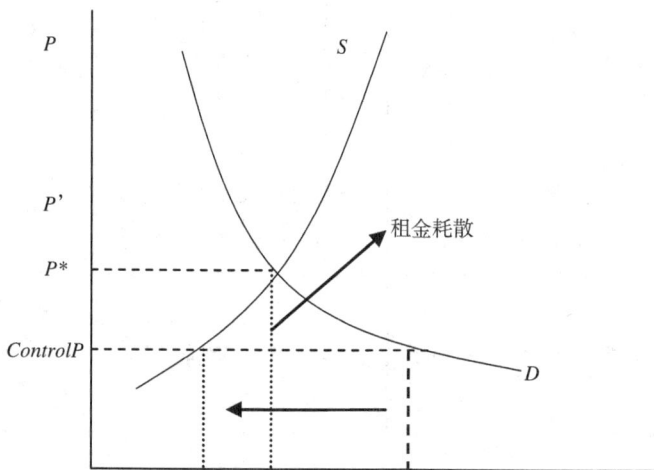

图3-4 价格管制与"租值消散"

(三)基于租金理论的"租值消散"的进一步理论溯源

图3-5将现代租金理论与"租值消散"理论进行了统一梳理。它将产权、租金、寻租的逻辑关系进行了揭示。可以看出,在不同的理论脉络下,"租值消散"中"租"的内涵是不同的。这就从根本上需要认清理论逻辑的前提条件。在土地级差用途下,不能简单地从实际成本定义租金,而应着重从机会成本定义租金。那么,对

---

① 租值消散的思想最早隐含在美国经济学家弗兰克·奈特(Knight,F.H.,1924)的《社会成本解释中的一些谬误》一文。后经斯科特·戈登(H.Scott Gordon,1954)、哈丁(Hardin,G.,1968)、巴泽尔(1974)等的发展形成了较为系统的理论。

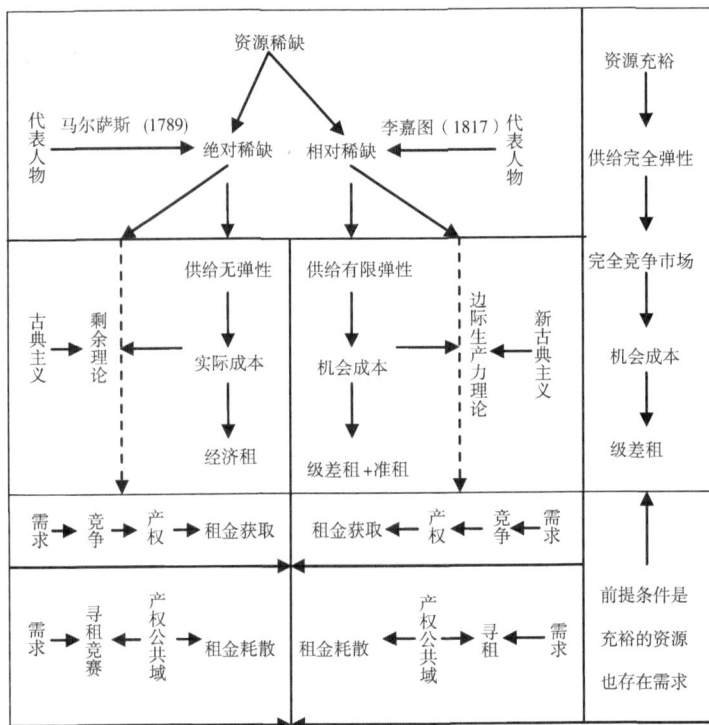

图 3-5　稀缺、产权及租金理论的内在理论逻辑

农地而言,随着经济社会的发展,土地级差用途带来的收益也不断增加,而这部分利益理应反映到土地价格中。只有清晰产权,才能理顺土地价格的收益分配调节功能。

第四节　理论基础阐释

后文中涉及土地租金价格分析的理论基础主要有:土地市场价格理论、租金理论、现代产权理论、"产权公共域"理论。本书在分析中将理论之间的逻辑关系进行了把握,从而为后文土地租金的最优价格模型构建提供了理论基础。

在文献梳理中发现,地租与土地价格的关系历来是学术界研究的焦点。而随着土地市场经济的发展,客观上需要借鉴现代西方土地市场价格理论对土地租金价格问题进行研究。然而,西方土地市场价格理论中对租金的定义是存在分歧的,据此,本章重点梳理了西方现代租金理论的发展脉络,对租金与价格的关系进行了文献把握,在此基础上将现代产权理论的逻辑关系紧密联系起来。

第四章 土地资源租金价格：
一个动态最优视角

本章从现代租金理论出发,将租金与价格的内在逻辑应用于土地资源租金价格模型分析中。结合中国现实背景,考虑了"代际性"问题,从动态最优视角探讨了土地租金价格的最优变动轨迹问题。本章分析了土地资源租金价格动态最优变动轨迹,对土地租金利率、机会成本等问题进行了理论分析,并从"产权公共域"视角研究了土地"租值消散"的理论情形。

第一节 理论模型建立的现实与考虑

假如赋予"产权主体"完整、独立的土地使用权,且产权主体的土地使用权可继承。显然,学术界对土地资源租金价格的研究并未注意到"代际性"问题,而这正是本章所要强调的。

从中国农地制度的演进历程来看,虽然,中国农地制度的市场化改革道路较为曲折,但是建立并完善农村土地市场价格改革是主要趋势。表4-1中,中国农地使用权流转制度经历了从禁止到逐步放开的历史演变,产权主体的土地财产权利也正在不断加强。

表 4-1　中国农地流转制度的历史演进

阶段	法规	主要内容
土地使用权流转的法律雏形	1988 年《中华人民共和国宪法》:土地使用权流转的法律基础	"土地使用权可以依照法律的规定转让"
农村集体土地使用权流转的禁止阶段	1988 年《中华人民共和国土地管理法》:土地流转的限制及征地制度	"农民集体所有的土地使用权不得出让、转让或者出租用于非农业建设;但是,符合土地利用总体规划并依法取得建设用地的企业,因破产、兼并等情形致使土地使用权依法发生转移的除外";"除兴办乡镇企业、村民建设住宅、乡(镇)村公共设施和公益事业建设经依法批准使用本集体经济组织农民集体土地外,任何单位和个人进行建设,需要使用土地的,必须依法申请国有土地"
	1994 年《中华人民共和国城市房地产管理法》	"城市规划区内的集体所有的土地,经依法征用转为国有土地后,该幅国有土地的使用权方可有偿出让"
土地流转制度的改革尝试阶段	2003 年《中共中央国务院关于做好农业和农村工作的意见》	"各地要制定鼓励乡镇企业向小城镇集中的政策,通过集体建设用地流转、土地转换、分期缴纳出让金等形式,合理解决企业进镇的用地问题"
	2004 年《国务院关于深化改革严格土地管理的决定》	"在符合规划的前提下,村庄、集镇、建制镇中的农民集体所有建设用地使用权可以依法流转"
	2005 年《关于规范城镇建设用地增加与农村建设用地减少相挂钩试点工作的意见》	鼓励通过开展土地评估、界定土地权属、按照同类土地等价交换的原则,合理进行土地调整、互换和补偿。根据"依法、自愿、有偿、规范"的要求,创新激励机制,探索农村集体建设用地流转制度
	2006 年《关于坚持依法依规管理节约集约用地支持社会主义新农村建设的通知》	稳步推进集体非农建设用地使用权流转试点,并按照缩小征地范围、完善补偿办法、拓展流转途径、规范征地程序的要求,稳步推进征地制度改革。同时强调应坚决制止用"以租代征"等形式擅自将农用地转为建设用地的行为"要适应新农村建设的要求,经部批准,稳步推进城镇建设用地增加和农村建设用地减少相挂钩试点、集体非农建设用地使用权流转试点,不断总结试点经验,及时加以规范完善"

阶段	法规	主要内容
土地流转市场的逐步改革议程	2008 年党的十七届三中全会	在土地利用规划确定的城镇建设用地范围外,经批准占用农村集体土地建设非公益性项目,允许农民依法通过多种方式参与开发经营并保障农民合法权益。逐步建立城乡统一的建设用地市场,对依法取得的农村集体经营性建设用地,必须通过统一有形的土地市场、以公开规范的方式转让土地使用权,在符合规划的前提下与国有土地享有平等权益
	2009 年《关于促进农业稳定发展农民持续增收推动城乡统筹发展的若干意见》	在城镇工矿建设规模范围外,除宅基地、集体公益事业建设用地外,凡符合土地利用总体规划、依法取得并已经确权为经营性的集体建设用地,都可采用出让、转让等多种方式有偿使用和流转;应按照"初次分配基于产权,二次分配政府参与"的原则,对集体建设用地有偿使用收益进行分配;对需要流转的集体建设用地,要重点开展集体所有权和使用权确权登记,特别要开展集体经营性用地的认定和确权,为集体建设用地流转提供条件
	2010 年《关于进一步完善农村宅基地管理制度切实维护农民权益的通知》	提出在经济条件好、土地资源供求矛盾突出的地方,允许对新申请宅基地的住户开展宅基地有偿使用试点。因地制宜推进"空心村"治理和旧村改造,在现状建设用地边界范围内,留足宅基地后,其他土地可依法用于发展第二、三产业,但不得用于商品房住宅开发
	2012 年《关于加快推进农业科技创新持续增强农产品供给保障能力的若干意见》	加快推进农村地籍调查、明晰土地产权。2012 年基本完成覆盖农村集体各类土地的所有权确权登记颁证,推进包括农户宅基地在内的农村集体建设用地使用权确权登记颁证工作
土地流转市场的逐步改革议程	2013 年党的十八届三中全会	指明了一个方向,在规划和用途管制下,允许农村集体土地与国有土地平等进入非农用地市场,形成权利平等、规则统一的公开交易平台,建立统一土地市场下的地价体系

　　农地制度改革的根本就是建立现代的农地产权制度。这需要建立基于市场基础的现代土地市场交易机制。其中，一个核心问题需要明确：土地产权交易的价格是如何形成的？土地产权交易价格形成的内在逻辑又是什么？土地产权交易，从根本上讲就是对土地资源用途的选择权利的让渡。换句话说，就是通过产权的交易实现选择土地用途获取收益的交易过程。而土地产权交易价格取决于选择的土地用途所能带来的收益大小。正是土地在其他用途中能够获得收益，才有了对土地需求，在其他用途中所获取的收益越大，对土地的需求也就越大，这就是地租产生的市场逻辑。理解土地产权交易价格同样避不开"租金"这个话题。笔者已经阐述了现代租金理论的内在逻辑，因为它是现代价格理论的核心部分，不再赘述。

　　那么，这涉及对土地资源租金如何定义的问题。即定义土地资源租金应基于实际成本还是机会成本。如果，以实际成本定义土地租金，那么土地资源租金价格应该是：实际成本+租金。但是土地产权交易若干年后，产权主体的实际成本又是什么，没有直接投入，怎么会存在实际成本？这显然不合经济学逻辑。所以只能选择土地的原有产值去补偿，而这不符合市场逻辑。问题的关键是没有考虑土地的替代性也即没有考虑使用土地的机会成本。即使没有实际投入或实际成本，但是土地因其他用途的需求也会产生增值收益，正如马克思所认为的，拥有土地所有权本身就意味着产生租金。当然土地租金不是天上掉下来的，这是因为土地在其他用途存在需求，或在其他用途会产生租金，进而使保留土地本身就存在价值。一个类似的现实的例子就是房租。就根本上而言，这是一个机会成本的概念。

对土地供给者而言的土地租金就是对土地需求者的成本。对于土地需求者而言，只要获得土地能获取"租金"，就有对土地购买的动机，直到土地供给者的边际租金等于土地需求者的最大边际收益，换句话说，当土地供给无成本时，土地产权交易的边际价格＝土地供给的边际租金＝土地在其他用途的边际机会成本，这也符合现代租金理论的基本逻辑。因此，用现代租金理论去分析土地资源租金价格问题是较为合理的。

　　研究土地资源租金价格不能忽略的另一个特殊问题是：土地产权交易过程本身牵扯代际性问题。假如，拥有土地产权，这意味着可以享有在任何一时期选择土地用途获取租金收益的机会。而一旦放弃土地产权，每一时期都会出现因"产权公共域"而产生的"租金消散"。注意，这个"租金"相当于"经济租"或者占有土地资本而获取的长期利息。对于土地供给者，土地供给总量是固定的，一旦土地产权丧失，对产权主体本身而言就意味着土地绝对稀缺。而相对于供给的需求本身就是个动态的、历史的概念，综合供需两方面考虑，研究土地资源租金价格应着眼于动态视角。那么从动态的角度，土地资源租金价格应该如何衡量？这显然涉及一个跨期选择问题。产权主体出售土地面临现在与未来土地租金的跨期选择问题，或者说产权主体面临在土地当代机会成本与未来机会成本之间进行抉择的问题。换句话说，就是产权主体现在出售土地，就要考虑未来土地的利息变化，而未来土地的利息变化本质上受未来土地机会成本的影响。霍特林（1931）在分析资源的可耗竭性问题上，提出了开采资源的代际成本问题，因为资源是可耗竭的，开采资源意味着未来价值的折损，也就是"使用者成本"或者"稀缺租"。同样，产权主体当代出售土地也面临代际成本问题，只不过这个"成本"是个机会成本的概念。机会成本在此处是个动态的、一个因供给和需求变化而变化的概念。

第二节　理论模型的研究假设

在土地供给量一定的情况下，土地用途存在稀缺性。分析两个较为典型的例子：一是从我国现实情况来看，经济建设用地稀缺性较为严峻。从耕地总量上来讲，我国耕地资源并不丰富。适合于发展经济的土地（耕地和业已存在的建设用地）占比不到20%。而在这适合于发展经济的土地中，耕地又占了80%。二是随着经济的发展，生态环境日益恶化的现状决定了土地在生态用途上的稀缺性。我国目前实行的大的生态项目，如退耕还林工程、自然保护区建设、水流域保护等都涉及对土地的利用。土地在这两个用途上都存在稀缺性，而土地的供给总量却是一定的，这造成了二者对土地利用的尖锐矛盾。因此，提出第一个假设：土地长期供给无弹性。对产权主体自身而言，土地供给总量是固定的，从此意义上来讲土地供给满足绝对稀缺性假设，为了分析方便，不考虑产权主体自身购买土地的情形，在此情形下，土地产权的交易就相当于土地资源供给量的"耗损"，一旦交易，土地资源不会重生利用。

对于供给方而言，土地供给总量是一定的，但是土地用途或质量是有差异的。李嘉图在此基础上，提出了租金的"集约边际"与"粗放边际"生产力理论，即解释了租金在同一用途和不同用途之间产生的原因。这就是"级差地租"理论，后来阿尔钦安在《新帕尔格雷夫大辞典》中按照"级差地租"理论，进一步将级差租金分为李嘉图租金和级差租金。一种资源在其他用途中是同质的,但是在同一用途中却存在"级差性",所产生的租金就是"李嘉图租金"。一种资源在其他用途中存在"级差性",而同一用途是同质的,这就是"级差租金"。本章主要研究土地资源的产权交易的机会成本问题,为了分析方便,先不考虑土地在同一用途产生的"级差性"问题,即不考虑"李嘉图租金",重点考虑土地存在其他用途的情形,即着重考虑"级差租金"。这样分析的目的既是考虑到理论分析的需要,也是考虑到土地产权交易现实特点。土地产权交易现象的产生正是因为土地在其他用途存在需求,如上文所述的两种基本需求。由其他用途需求产生的租金是首先需要考虑的。因此,暂且提出第二个假设:土地同一用途同质,其他用途不同质。

同时,考虑土地在其他用途的最优问题,即将市场机制纳入理论分析框架,为分析土地资源的机会成本问题做了铺垫。因此,假设土地需求市场完全竞争。做此假说暗含的基本逻辑是土地在其他用途总能以最优的方式实现资源分配。另外,便于理论分析,假设土地供给无成本,排除产权界定存在交易成本的情形。这里主要讨论产权交易价格问题,而不是产权的界定问题,这样做便于理论探讨,即我们可以得到一个基本公式,在完全竞争市场上,边际租金(产权主体获得的收益)= 边际机会成本(其他用途的最大收益)。

因为本章从动态视角研究土地资源租金价格问题,因此避不开的一个重要问题是代际的机会成本定价的选择问题。这就需要讨论一个重要问题是土地租金长期利率(折现率)问题。为了分析的方便,这里不考虑个体土地资本利率的选择问题,即假定个体对土地资本利率选择与社会一致。即将产权个体的差异性排除,而考虑一个普遍性的理论问题。

第三节　土地资源租金价格的最优动态路径

一、一个一般动态最优模型

从动态视角分析土地资源租金价格问题，假设，随着土地其他用途的需求，每一时期 t 的土地耗损速率为 x_t，也就是说，在 t 期，产权主体愿意进行土地产权交易的土地资源数量为 x_t，$x_t \in R^+$。假设产权主体可享有土地租金利率的总年限为 T。需要分析的是 T 的取值。T 的大小决定了产权主体能够得到土地租金利率的年限，当 T 越大意味着产权主体能够享有的租金利率的时间越长。它取决于两个因素：一是产权主体自身的生存年限及"繁衍"情形，设总体的人口平均增长率为 n，那么如果 $n > 0$，这意味着 $T \to \infty$，当然，这只是理想的情形，产权主体的后代可持续享有土地租金带来的利益。当然，产权主体后代也可能放弃农地选择权，或者 $n \to 0$，那么 T 将有一个极限值。二是土地资源总供给量与土地资源"耗损"①速率的大小。暂不考虑人口增长的因素，假设 t 期总的土地资源供给量为 $\dot{X}_t$，则 $\dot{X}_t = \int_t^T x_t \mathrm{d}t$。考虑建立以下动态最优系统：

---

① 本书所指的土地资源"耗损"是指在土地供给总量一定的情形下，由于土地产权不断失去，具有使用权的土地资源数量的减少。土地耗损资源即当期和未来可供土地产权失去（本书用土地产权交易的逻辑去解释）的土地资源。本书借鉴霍特林（1931）的可耗竭资源的模型思想，采用"耗损"来描述土地产权失去的过程，"耗竭"描述土地资源产权完全失去的状态。

$$V = \int_0^T e^{-\rho t} [p_t x_t - C(x_t, X_t, t)] \tag{4-1}$$

并考虑以下约束条件:

$$\text{s.t. } \dot{X}_t = x_t, \dot{X}(0) = \bar{X} \tag{4-2}$$

式(4-1)和式(4-2)刻画了土地资源租金价格的动态系统。需要表明的是,ρ 与土地资本方程的折现率意义类似,不过,考虑到土地资源权益的代际问题,在这里重新进行阐述。这里的 ρ 表示土地租金的长期利息($\rho \geqslant 0$),它反映了土地资本在当代和后代的租金变化,也即把土地"耗损"资源①的当代和代际租金价值统一考虑在内给出的一个土地租金的长期利率(或土地长期折现率),它也可以理解为土地租金的长期平均利率。为了分析方便,先假设 ρ 固定,也即把土地"耗损"资源租金的当代和未来价值作为固定变量,且总体上的平均利率为 ρ。p_t 为土地资源"耗损" x_t 的租金价格,$C(x_t, X_t, t)$ 表示土地资源"耗损"的机会成本。将土地资源"耗损"过程看作是一个动态连续的过程,那么,$\dot{X}_t = x_t$,$\lim_{T \to \infty} X_T = 0$,也就是说完成了全部产权交易,此时土地资源完全"耗竭"。假设,土地耗竭资源可供给的初始总量为 $\bar{X}$,则 $X_{T \to 0} = \bar{X}$ 或 $\dot{X}(0) = \bar{X}$。那么,构建哈密尔顿方程(Hamilton Equation):

$$H = p_t x_t - C(x_t, X_t, t) - \lambda_t x_t \tag{4-3}$$

则最优化问题由式(4-4)—式(4-7)刻画:

$$\partial H / \partial x_t = p_t - C_{x_t}(x_t, X_t, t) - \lambda_t \tag{4-4}$$

根据欧拉定理(Euler Theorem):

---

① 土地"耗损"资源即可供土地产权交易(或具有土地使用权)的土地资源。

$$\partial H/\partial X_t = -C_{X_t}(x_t, X_t, t) + \partial(e^{-\rho t}\lambda_t)/\partial t \tag{4-5}$$

横截性条件为:

$$\lim_{t\to\infty} e^{-\rho t}\lambda_t X_t = 0 \tag{4-6}$$

进一步,可以得到以下基本公式:

$$p_t = C_{x_t}(x_t, X_t, t) + \lambda_t \tag{4-7}$$

这是土地"耗损"资源租金价格的表示方式,它由每一期土地资源"耗损"的边际机会成本 $C_{x_t}(x_t, X_t, t)$ 和土地"耗损"资源的边际影子价格 λ_t 相加而成。其中: $\lambda_t = \int_t^T e^{-\rho(\tau-t)}C_{X_\tau}(x_t, X_t, t)d\tau$,$C_{X_\tau}(x_t, X_t, t)$ 表示总体土地资源"耗损"的边际机会成本。λ_t 反映的是土地"耗损"资源的未来的稀缺价值累积折扣到现期的价值,或者说未来的边际机会成本累积折扣到现期的机会成本。那么,价格 p_t 从根本上就由两部分机会成本组成。我们可以得到土地"耗损"资源租金价格的一般化的公式:土地资源租金的边际价格=边际租金=土地资源"耗损"的边际机会成本+累积的代际边际机会成本。这是从总体上,将所有土地"耗损"资源供给折算在内的一个一般动态最优租金价格。或者用数学公式表示为:

$$p_t = C_{x_t}(x_t, X_t, t) + \int_t^T e^{-\rho(\tau-t)}C_{X_\tau}(x_t, X_t, t)d\tau \tag{4-8}$$

式(4-8)对 t 微分,得到:

$$(d/dt)\ln[p_t - C_{x_t}(x_t, X_t, t)] = \rho - C_{x_t}(x_t, X_t, t)/\int_t^T e^{-\rho(\tau-t)}C_{X_\tau}(x_t,$$

$$X_t, t)d\tau \tag{4-9}$$

式(4-9)左边表示土地"耗损"资源的代际边际收益或代际边际机会成本随着时间的变动,等式右边由两部分组成:一是土地租金长期利率,二是土地资源耗损一单位的当期边际机会成本与累积的代际机会成本的比值。式（4-9）表明，当期土地资源"耗损" x_t 单位后，后期产权交易主体所得的土地租金长期利率会有一定程度的降低。主要有三种效应：一是当期边际机会成本增加的总量增加效应。土地资源"耗损" x_t 单位后，未来土地供给相对需求变得更为稀缺，那么代际边际机会成本会上升，即 $C_{x_t}(x_t, X_t, t)$ 上升，导致 $C_{X_\tau}(x_t, X_t, t)$ 上升，此时由于边际机会成本上升在一定程度上会抵消土地资源"折损"带来的损失，当 $C_{X_t}(x_t, X_t, t)$ 越大，也意味着 $C_{X_t}(x_t, X_t, t) / \int_t^T e^{-\rho(\tau-t)} C_{X_\tau}(x_t, X_t, t) \mathrm{d}\tau$ 越小，从而代际收益或代际机会成本越高，或者说 ρ "折损"越小。二是当期边际机会成本增加的"耗损"效应。此时，$C_{X_\tau}(x_t, X_t, t)$ 不变或减少，$C_{x_t}(x_t, X_t, t)$ 越大，也即当期土地"耗损"资源的边际租金收益越高，产权交易主体越倾向于当期土地产权交易，留给子孙后代的土地价值越低，以致 $C_{X_t}(x_t, X_t, t) / \int_t^T e^{-\rho(\tau-t)} C_{X_\tau}(x_t, X_t, t) \mathrm{d}\tau$ 越大，则 ρ "折损"越大。三是边际机会成本增加的总量减少效应。此时，虽然 $C_{x_t}(x_t, X_t, t)$ 增加，会导致 $C_{X_t}(x_t, X_t, t)$ 增加，但是由于土地资源的"耗损"或折损的比率较大，以至于 $\int_t^T e^{-\rho(\tau-t)} C_{X_\tau}(x_t, X_t, t) \mathrm{d}\tau$ 减少，这也意味着 ρ "折损"在提升。

因此，未来的土地"耗损"资源租金价格，取决于土地租金长期利率和当期边际机会成本与累积的代际边际机会成本的比值的差额。换句话说，土地资源存在一个总量"耗损"效应，即土地产权交易之后，土地供给总量会有一个比例的下降。而如果未来的需求不变，那么土地资源将逐渐变得更为稀缺，这将反映在土地资源的未来稀缺价值或代际边际机会成本增加上。但是，这不等于当期边际机会成本与累积的代际边际机会成本的比值会降低。它取决于当期土地耗损一单位的机会成本与其当期土地"耗损"资源的代际机会成本的累积效应的比值大小。当这个比值越大,也意味着未来可供失去的土地的累积总财富降低越多,因此土地租金长期利率也越低;反之,则土地租金长期利率"折损"程度降低。

式(4-9)可以得到土地租金长期利率 ρ 的动态路径:

$$(\mathrm{d}/\mathrm{d}t)\ln[\,(p_t - C_{x_t}(x_t,X_t,t)]= \rho - C_{x_t}(x_t,X_t,t)/\int_t^T e^{-\rho(\tau-t)}C_{X_\tau}(x_t,X_t,t)\mathrm{d}\tau \tag{4-10}$$

若 $p_t = C_{x_t}(x_t,X_t,t)$,那么 $\rho = C_{x_t}(x_t,X_t,t)/\int_t^T e^{-\rho(\tau-t)}C_{X_\tau}(x_t,X_t,t)\mathrm{d}\tau$,也就是说,即使当期产权交易主体获取了最优租金价格,但是仍然面临损失,它就是失去土地的未来的租金利率,而 ρ 取决于当期价值与代际租金价值的权衡。

式(4-10)揭示了土地租金长期利率固定的情形。实际上,可以对土地租金长期利率从动态视角进一步解剖。不妨分析一下,给定一单位的土地资源耗损,那么在根据当期的机会成本定价下还要考虑未来土地资源"耗损"的机会成本。也就是说,对当期土地"耗损"资源的租金价格界定需在根据机会成本定价的基础上,考虑未来机会成本的动态变化,而机会成本就根本上而言是由土地的市场供求决定的。而土地供求随着时间的变化而变化。那么不妨从租金供求视角,对土地的长期资本利率问题进行进一步讨论。

接下来,在对土地租金长期利率的含义进行动态解析的同时,也需要研究 λ_t 的最优变动轨迹。为了分析方便,假设土地租金长期利率固定:

λ_t 的极限表达式为：

$$\lim_{t \to \infty} |\lambda_t| = \lim_{t \to \infty} \int_t^{\infty} e^{-\rho\tau} C_{X_{\tau}} \mathrm{d}\tau / e^{-\rho t} \qquad (4-11)$$

根据洛必达法则：

$$\lim_{t \to \infty} |\lambda_t| = \frac{1}{\rho} \lim_{t \to \infty} \int_t^{\infty} C_X(t) \qquad (4-12)$$

式(4-12)的简明的经济学含义就是从长期来看，耗损一单位土地资源的影子价格就是这单位土地资源"折损"后的代际机会成本，租金长期利率为 ρ，它反映了土地"耗损"资源的未来租金价值。

λ_t 的一阶导数为：

$$|\lambda_t| = \int_t^{T} e^{-\rho(\tau-t)} \frac{\mathrm{d}}{\mathrm{d}\tau} C_X(\tau) \mathrm{d}\tau \qquad (4-13)$$

其中，$C_X(\tau)$ 对 t 微分，得到：

$$(\mathrm{d}/\mathrm{d}\tau) C_X(\tau) = C_{Xx}(\tau) x_{\tau} + C_{XX}(\tau) x_{\tau} \qquad (4-14)$$

式(4-14)表示的边际机会成本的最优变动具有以下三个可能性：(1) $C_X(\tau) < 0$，此时凸显土地资源的折损效应，对于后代人而言是不公平的；(2) $C_X(\tau) > 0$。此时，土地资源的代际机会成本上升，它意味着 $C_{XX}(\tau) > 0$ 和 $C_{Xx}(\tau) > 0$。后代人进行产权交易的土地租金长期利率相对要高；(3) $C_X(\tau) = 0$。这意味着，当代还是后代进行土地产权交易没有根本性的差异，对产权主体而言，属于土地租金长期利率极低的情形，要么趋近于不完全土地资源耗损，要么趋近于完全土地资源耗损或"耗竭"。

式(4-11)—式(4-14)刻画了代际机会成本及其变动轨迹，它具有以下几个特点：

（1）$\lim_{t \to \infty} |\dot{\lambda}_t| = 0$。可以给一个简单的证明：

由互补松弛条件：$\lim_{t \to \infty} X_T = 0$，则可推导出 $\lim_{t \to \infty} C_X(t) = 0$。

（2）$\lim_{t \to \infty} \lambda_t = 0$。即土地产权交易过程完结后，土地资源"耗竭"，此时，不存在交易土地产权的机会成本问题。证明如下：

由于：$\lim_{T \to \infty} X_T = 0$，则，$\lim_{T \to \infty} \dfrac{1}{\rho} C_X(0, X_T) = 0$，从而 $\lim_{t \to \infty} \lambda_t = 0$。

（3）$\lim_{t \to 0} \lambda_t = \lim_{T \to 0} \dfrac{1}{\rho} C_X(0, \bar{X})$。这是趋近于没有土地资源"耗损"的初始状态的表示方式。

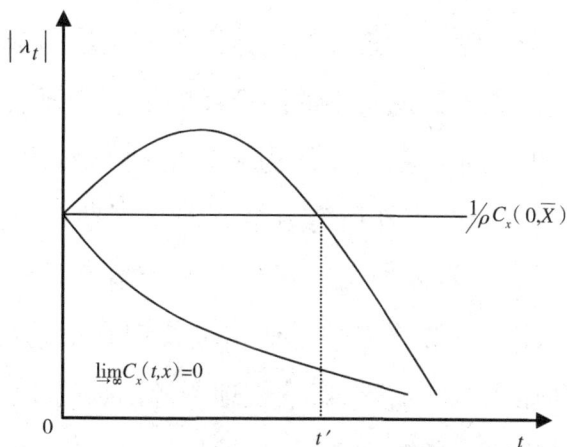

图4-1 土地"耗损"资源的代际机会成本的变动轨迹

综合以上三个特点，可以得到土地"耗损"资源的代际机会成本的动态最优变动轨迹。如图4-1中所示的土地"耗损"资源代际机会成本有两种可能的变动轨迹。一是类似于一个倒"U"型变动过程。主要原因是：初始阶段，土地资源耗损一单位的代际机会成本会上升，此时 $(\mathrm{d}/\mathrm{d}t) C_X(\tau) = C_{Xx}(\tau) \dot{x}_\tau + C_{XX}(\tau) x_\tau > 0$，这意味着后代人失去一单位土地资源的租金收益会上升。此时，单位土地租金收益的上升会弥补甚至超过土地资源的总量"折损"效应,从而出现图 4-1 中的代际机会成本上升趋势。但是,随着土地资源耗损数量的增多,单位租金收益的上升并不能弥补土地资源耗损总体的损失,即土地资本的总量"折损"效应凸显出来,后代人开始出现土地租金利率下降的趋势,直到土地资源完全"耗尽"。二是土地资本的折损率一直居于凸显地位,即 ρ 值越高,越倾向于当期土地资源产权交易,而留给未来的财富会不断降低。此时, $\frac{1}{\rho}C_X(T,X) < 0$。

我们可以看到一个根本问题,决定在当期还是未来进行土地产权交易的一个关键因素是产权主体面临的土地租金长期利率的选择问题。土地租金长期利率的高低反映了当代机会成本与代际机会成本之间的变动关系。土地租金长期利率越高,意味着土地资源的当期收益越高,土地所有者会倾向于当期进行土地资源的产权交易。当然,这是偏均衡时得到的一个结论。对于一般均衡的情形未必如此。主要原因是土地租金长期利率越高,越可能会抑制土地在其他用途的需求,影响土地资源的最优配置,进而影响土地产权交易价格。同时,若考虑土地供给市场完全竞争的情形,那么折现率低也未必意味着土地供给者会选择在未来出售土地,因为可能土地供给者对未来出售土地并不抱有乐观态度。就根本上而言,土地租金长期利率的高低是由土地供求共同决定的。

二、进一步考虑土地"级差性"供给的情形

上文土地资源租金价格的动态最优模型有一个基本理论假设前提:土地在同一用途同质。为了深入探讨的需要,放开这个假

设，即讨论土地不论在同一用途还是在其他用途中都存在不同质的问题。先从一个一般动态最优模型入手：

$$V = \int_0^T e^{-\rho t} \left[p_t x_t - C(x_t, X_t, t) \right] \tag{4-15}$$

并由约束条件为：

$$\text{s.t. } \dot{X}_t = x_t, \dot{X}(0) = \bar{X} \tag{4-16}$$

这与上文的动态最优系统并没有本质的区别。不过，放开土地同一用途同质的假设，意味着土地具有替代性，由于土壤肥力、地理位置等土地天然"等级"秉性的客观存在，对同一用途土地因"级差性"的存在也会产生差异性需求。当然，对优等土地的需求最大。因此，需要讨论的一个问题是，土地产权交易是按照"等级"依次进行的。那么，接下来的一个问题是，未来有可能劣等土地资源并没有"耗竭"，因为随着社会经济的发展，有可能无法满足未来其他用途的需求，此时就会产生土地资源未"耗竭"的情形。此时，当"最优"土地在末期"耗尽"时，$\lim\limits_{T' \to \infty} X_{T'} \leq a$，意味着还有 a 数量的土地并未完全交易。

构建的哈密尔顿方程为：

$$H = p_t x_t - C(x_t, X_t, t) - \lambda_t x_t \tag{4-17}$$

根据包络定理以及欧拉定理可以得到一个基本公式：

$$(\mathrm{d}/\mathrm{d}t) \left[\partial e^{-\rho t} \cdot \frac{\partial H(x_t, X_t, t)}{\partial x_t} \right] = e^{-\rho t} \left[\frac{\partial H(x_t, X_t, t)}{\partial X_t} \right] \tag{4-18}$$

进一步将式（4-18）转化为：

$$\int_t^T \frac{\mathrm{d}}{\mathrm{d}s} [\partial e^{-\rho s} H(x_t, X_t, t)/\partial x_t] \, \mathrm{d}s = \int_t^T e^{-\rho s} [\partial H(x_t, X_t, t)/\partial X_t] \, \mathrm{d}s$$

$$\tag{4-19}$$

将土地资源"耗损" x_t 的租金收益表示为 $R_t = p_t x_t$。进一步,可以得到:

$$p_t = C_{x_t} + e^{-\rho(T'-t)}[p(T') - C_{X(T)}(x(T'), X(T'), T')]$$
$$+ \int_t^T e^{-\rho(s-t)}\left[\frac{\partial C(x_t, X_t, t)}{\partial X_t}\right]ds \qquad (4-20)$$

式(4-20)由三个部分组成:一是土地资源"耗损"的边际机会成本;二是"最优等级"土地在土地资源"耗损"的末期,土地资源的"剩余利润";三是带有级差性的土地资源"耗损"的代际机会成本。

对式(4-20)可以进行如下解析:

$$p(T')x(T') - C[x(T')] = x(T')[p(T') - C_{x(T')}] \qquad (4-21)$$

当按照"级差性"依次进行土地产权交易,那么在优等地完全"耗尽"时,可得到一个基本公式:

$$p(T') - C_{X(T')} = 0 \qquad (4-22)$$

横截性条件为:

$$H(x(T'), X(T'), T') - x(T')H_{x(T')}(x(T'), X(T'), T') = 0 \qquad (4-23)$$

$$H_{x(T')}(x(T'), X(T'), T') = 0 \qquad (4-24)$$

$$\lim_{x(T')\to 0} C[x(T'), X(T'), T']/x(T') = \lim_{x(T')\to 0} p_{x(T')} \qquad (4-25)$$

则,式(4-20)可以化简为:

$$p_t = C_{x_t} + \int_t^T e^{-\rho(s-t)}\left[\frac{\partial C(x_t, X_t, t)}{\partial X_t}\right]ds \qquad (4-26)$$

式(4-26)表明,在优等地完全完成交易后,土地资源租金价格仍然按照当代的边际机会成本与代际边际机会成本表示,只不过土地资源租金价格带有明显的"级差性"。需要进一步进行推导,看看这种"级差性"带来的影响。

可以比较一下完全土地产权交易与不完全土地产权交易的情形,当土地资源完全"耗竭"时:

$$M_{\pi_t}/\mathrm{d}t = \rho e^{-\rho(T'-t)} M_{\pi_T} \tag{4-27}$$

也即产权交易主体按照土地租金长期利率为 ρ 获取租金收益。当土地资源用途带有"级差性"时:

$$\mathrm{d}M_{\pi_t}/\mathrm{d}t = \rho e^{-\rho(T'-t)} M_{\pi_T} + \rho \int_t^T e^{-\rho(T'-t)} C_{Xs} \mathrm{d}s - C_X \tag{4-28}$$

由横截性条件推出:

$$\mathrm{d}M_{\pi_t}/\mathrm{d}t = \rho e^{-\rho(T'-t)} M_{\pi_T} + \rho \int_t^T e^{-\rho(s-t)} C_{Xs} \mathrm{d}s - C_X \tag{4-29}$$

式(4-29)可以进一步转换为:

$$\frac{\mathrm{d}M_{\pi_t}}{M_{\pi_t}} = \rho - \frac{C_X}{M_{\pi_t}} < \rho \tag{4-30}$$

式(4-30)表明了土地资源用途的"级差性"特点将会使主权主体获取的土地租金长期利息总体上低于 ρ 的水平。当然,这也是偏均衡时得到一个结论,从一般均衡的意义上来讲,土地资源用途具有"级差性",土地租金长期利率就未必低于 ρ。因为忽略了土地租金长期利率的一个决定因素——即需求,当需求也以指数增长的方式增加,那么土地租金的长期利息就未必低于 ρ,甚至会高于 ρ。

三、影响土地资源租金价格的制度路径

上文对土地资源租金价格的分析并未考虑制度变量对机会成本的作用。假设制度变量设为 s_t,则将制度变量内生于土地资源租金价格的动态系统。将机会成本表示为 $C(x_t, X_t, s_t)$。

那么纳入制度变量后的代际机会成本的最优动态变动路径可以表示为:

$$|\dot{\lambda}_t| = \int_t^T e^{-\rho(\tau-t)} C_X(\tau) \left[e_{Xx}(\tau) \frac{\dot{x}}{x} + e_{XX}(\tau) \frac{\dot{X}}{X} + e_{Xs}(\tau) \frac{\dot{s}}{s} \right] d\tau$$

$$(4-31)$$

其中,$e_{Xx} = \dfrac{xC_{Xx}}{C_X}$,$e_{XX} = \dfrac{XC_{Xx}}{C_X}$,$e_{Xs} = \dfrac{sC_{Xs}}{C_X}$。

式(4-31)可以从三个角度进行分析:(1) $\dot{C}_X = C_{Xs} \cdot \dot{s}$。这意味着 $e_{Xx} = \dfrac{xC_{Xx}}{C_X} = 0$,$e_{XX} = \dfrac{XC_{Xx}}{C_X} = 0$,$C_{X\,s} > 0$。此时,$|\dot{\lambda}_t| = \int_t^T e^{-\rho(\tau-t)} C_X(\tau) e_{Xs}(\tau) \frac{\dot{s}}{s} d\tau$。这是一个极端的情形,即土地资源"耗损"的代际机会成本完全由指定变量决定,说明主权主体完全无产权,它是一种政府完全控制的垄断情形。(2) $C_{Xs} \cdot \dot{s} = 0$。此时,$|\dot{\lambda}_t| = \int_t^T e^{-\rho(\tau-t)} C_X(\tau) \left[e_{Xx}(\tau) \frac{\dot{x}}{x} + e_{XX}(\tau) \frac{\dot{X}}{X} \right] d\tau$,即制度对土地资源"耗损"的代际机会成本没有影响,此时,产权主体具有完全意义上的产权。(3) $C_{Xs} \cdot \dot{s} < 0$,$e_{Xx} = 0$,$e_{Xx} = 0$。这时,产权主体完全无产权,但是租金也并不意味着由政府完全控制,因为政府无法使其租金收益呈增长趋势。(1)和(3)都是"产权公共域"的情形,虽然(1)表示的租金收益仍以最优轨迹变动,但是这种最优收益却完全为政府攫取。(3)则暗含着其他寻租者进入的情形。二者都是产权主体因产权公共域的"租金消散"的情形。

第四节　考虑土地用途的选择情形

在上文的土地的稀缺性假设分析中,分析了土地在其他用途稀缺的两个典型例子:经济用途和生态用途。现在以这两个例子,来说明产权主体进行土地产权交易面临的土地用途的选择情形。

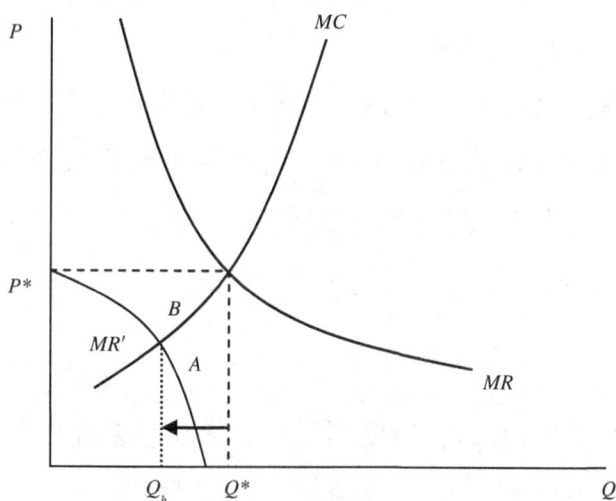

图 4-2　土地生态用途收益与机会成本

土地资源的特殊性在于土地资源是经济系统与生态系统的统一体。因此,当选择经济用途时,就意味着要放弃生态用途或者选择生态用途时就意味着要放弃经济用途。对于产权主体而言,关键是哪个用途能给自己带来最大租金收益,也即产权交易主体面临用途之间的机会成本定价选择。如图 4-2 所示,MR' 表示划定生态保护范围的边际收益曲线,Q_h 表示生态保护的门槛值。当放开生态产品市场,在完全竞争市场上,$MC = MR$,此时产权主体获得的土地资源租金价格水平为 P^*。这表明,当选择生态用途时,产权主体会获得 B 的租金收益,当然他也放弃了选择经济用途 A 所能得到的最大收益。若 $A = B$,在这种情形下,产权主体无论选择哪种用途都会获得最大租金收益,因此产权主体不必考虑哪种用途会使其获取最大租金收益,即不会面临土地用途的选择问题。如果产权主体从最大利益出发,选择了经济用途,那么土地在经济用途的最大收益要高于在生态用途的最大收益,即 $A>B$;反之,$A<B$。这就意味着土地的经济用途需求方与生态用途的需求方面临土地资源竞争的矛盾问题。

当面临土地用途的选择时,这意味着不同土地用途存在一定的稀缺性问题。为了分析的方便,将可供土地产权交易的经济资源的存量定义为 X_{t_1},生态资源的存量定义为 X_{t_2}。每期土地失去经济资源的速率为 x_{t_1},每期失去生态资源的速率为 x_{t_2},那么 $\int_0^T x_{t_1} \mathrm{d}t = X_{t_1}$,$\int_0^T x_{t_2} \mathrm{d}t = X_{t_2}$。

为了便于理论探讨,所要刻画的最优动态系统如下:

$$V = \int_0^T e^{-\rho t} [p_t(x_{t_1} + x_{t_2}) - C(x_{t_1}, X_{t_1}, t) - C(x_{t_2}, X_{t_2}, t)]$$

$$(4-32)$$

约束条件为:

$$\text{s.t. } \dot{X}_{t_1} = x_{t_1} \qquad \dot{X}_{t_2} = x_{t_2} \qquad (4-33)$$

横截性条件表示为:

$$\lim_{t \to \infty} e^{-\rho t} \lambda_t X_{t_1} = 0 \qquad (4-34)$$

$$\lim_{t \to \infty} e^{-\rho t} \lambda_t X_{t_2} = 0 \qquad (4-35)$$

构建哈密尔顿方程：

$$H = p_t(x_{t_1} + x_{t_2}) - C(x_{t_1}, X_{t_1}, t) - C(x_{t_2}, X_{t_2}, t) - \lambda_{t_1} x_{t_1} - \lambda_{t_2} x_{t_2}$$

(4-36)

将土地资源的两种用途的情形纳入分析框架，一阶最优条件为：

$$\partial H / \partial x_{t_1} = p_{t1} - C_{x_{t_1}}(x_{t_1}, X_{t_1}, t) - \lambda_{t_1} \qquad (4-37)$$

$$\partial H / \partial x_{t_2} = p_{t2} - C_{x_{t_1}}(x_{t_2}, X_{t_2}, t) - \lambda_{t_2} \qquad (4-38)$$

$$\partial H / \partial X_{t_1} = - C_{X_{t_1}}(x_{t_1}, X_{t_1}, t) + \partial(e^{-\rho t} \lambda_{t_1}) / \partial t \qquad (4-39)$$

$$\partial H / \partial X_{t_2} = - C_{X_{t_1}}(x_{t_2}, X_{t_2}, t) + \partial(e^{-\rho t} \lambda_{t_2}) / \partial t \qquad (4-40)$$

则可得到两种用途下土地资源"耗损"的代际机会成本的表示公式：

$$\lambda_{t_1} = \int_t^T e^{-\rho(\tau - t)} C_{X_\tau}(x_{t_1}, X_{t_1}, t) \mathrm{d}\tau \qquad (4-41)$$

$$\lambda_{t_2} = \int_t^T e^{-\rho(\tau - t)} C_{X_\tau}(x_{t_2}, X_{t_2}, t) \mathrm{d}\tau \qquad (4-42)$$

同样，它们具有如下属性：

$$(1) \lim_{t \to \infty} |\lambda_{t_1}| = \frac{1}{\rho} \lim_{t \to \infty} C_{X_1}(t) = 0;$$

$$(2) \lim_{t \to \infty} |\lambda_{t_2}| = \frac{1}{\rho} \lim_{t \to \infty} C_{X_2}(t) = 0。$$

情形一，产权主体在土地产权交易中选择了经济用途意味着放弃了生态用途，而选择了生态用途意味着放弃了经济用途。这是一种"非 A 即 B"的情形。

若 A＝B，则两种用途的租金价格是相同的，这意味着 $p_{t1} = p_{t_2}$，也即 $C_{X_t}(x_{t_1}, X_{t_1}, t) + \int_t^\infty e^{-\rho(\tau - t)} C_{X_\tau}(x_{t_1}, X_{t_1}, t) \mathrm{d}\tau = C_{X_t}(x_{t_2}, X_{t_2}, t) +$

$\int_t^T e^{-\rho(\tau-t)} C_{X_\tau}(x_{t_2}, X_{t_2}, t)\mathrm{d}\tau$。其中，$\lim\limits_{t\to\infty} \dot{C}_{X_1}(t) = \dot{C}_{X_2}(t) = \dot{\lambda}_{t_1} = \dot{\lambda}_{t_2} = 0$。

若 A>B，则 $p_{t_1} > p_{t_2}$，这意味着 $C_{X_1}(x_{t_1}, X_{t_1}, t) + \int_t^\infty e^{-\rho(\tau-t)} C_{X_\tau}(x_{t_1}, X_{t_1}, t)\mathrm{d}\tau >$

$C_{X_1}(x_{t_2}, X_{t_2}, t) + \int_t^T e^{-\rho(\tau-t)} C_{X_\tau}(x_{t_2}, X_{t_2}, t)\mathrm{d}\tau$。主要原因是产权主体在经济用途的土地租金长期利率要高于生态用途。这使得不论现在还是未来进行土地产权交易，产权主体都愿意将土地用于经济用途上。换句话说，由于经济用途有更大的受益空间，会促进产权主体在此用途上的土地产权交易过程，宁愿放弃 p_{t_2} 的价格收益。反之，若 A<B，则 $p_{t_1} < p_{t_2}$，则促进产权主体在生态用途的土地产权交易，而宁愿放弃 p_{t_1} 的价格受益。

情形二，产权主体将土地作为一个统一系统来进行产权交易。这是一种 A+φB 或 B+ψA 的情形（0≤φ≤1；0≤ψ≤1）。即产权主体选择经济用途时会考虑生态利益的损失，或产权主体选择生态用途会考虑经济利益的损失。

这种情形不是简单的 A+B 或者 B+A 的罗列相加，这就需要厘清 A+φB 或 B+ψA 到底是什么的问题。关键是土地用于经济用途或生态用途是否会使需求方产生因占用其他用途而形成的垄断利润。举个例子，如果部分土地用于经济用途，对于经济用途的需求方而言，同样也得到了土地的部分生态资源。换句话说，土地用于经济用途既能得到相关的最大经济收益，也能得到部分生态利益，而这部分利益在某种程度上，可以看作是需求方的"垄断利润"。那么，产权主体在土地产权交易过程中同样会考虑到这部分租金的获取，因此对于产权主体而言土地资源"耗损"的机会成本选择就在 A+φB 或 B+ψA 之间进行。同样存在三种情形：

（1）若 $A+\varphi B > B+\psi A$，从最优视角，产权交易主体得到的最大租金收

益为：$C_{X_{t_1}}(x_{t_1}, X_{t_1}, t) + \int_t^T e^{-p(\tau-t)} C_{X_\tau}(x_{t_1}, X_{t_1}, t)\mathrm{d}\tau + \varphi \left[\begin{matrix} C_{X_{t_2}}(x_{t_2}, X_{t_2}, t) + \\ \int_t^T e^{-p(\tau-t)} C_{X_\tau}(x_{t_2}, X_{t_2}, t)\mathrm{d}\tau \end{matrix} \right]$。

（2）若 $A+\varphi B < B+\psi A$，产权交易主体获取的最大租金收益为：$C_{X_{t_1}}(x_{t_2},$

$X_{t_2}, t) + \int_t^T e^{-p(\tau-t)} C_{X_\tau}(x_{t_2}, X_{t_2}, t)\mathrm{d}\tau + \psi \left[C_{X_{t_1}}(x_{t_1}, X_{t_1}, t) + \int_t^T e^{-p(\tau-t)} C_{X_\tau}(x_{t_1}, X_{t_1}, t)\mathrm{d}\tau \right]$。

（3）若 $A+\varphi B = B+\psi A$，对产权交易主体而言都可以获取最大租金收益。

第五节　土地"租金耗散"的理论情形

一、"租金耗散"的一般情形

在上文中，分析了土地资源租金价格的最优变动轨迹。"产权公共域"意味着产权主体不能完整获取土地产权交易的价格收益，即对土地租金最优价格的偏离。在图 4-3 中，它有两种基本情形：一是政府通过干预土地产权交易的过程，以获取土地资源买卖的"垄断"权。这种情形下，政府通过土地买卖的垄断，以保障统治者租金收益的获取，从而避免所有权逻辑下的"租金消散"。在此过程中，土地资源的"耗损"速率会下降，土地租金长期利率甚至会高于产权主体自由产权交易的情形，而大部分利益被政府占有。从而，土地资源耗损一单位的价格并不能反映农地产权自由买卖的供需变动，产生对土地租金最优价格的偏离。二是"产权

公共域"下,没有其他产权制度保障租金不会产生耗散,这时土地产权交易的租金收益被需求方或者"寻租者"占有。这种情形下,政府可能并不会介入会很少介入土地产权交易,但是,土地租金长期利率过低,产权主体所得租金过低,大部分利益被其他"寻租"者获取。因而,会产生对土地的大量需求,因为"寻租"者的"寻租"成本远低于获取的租金,从而可能加速产权主体的土地产权失去过程。这是典型的资本"圈地运动"。

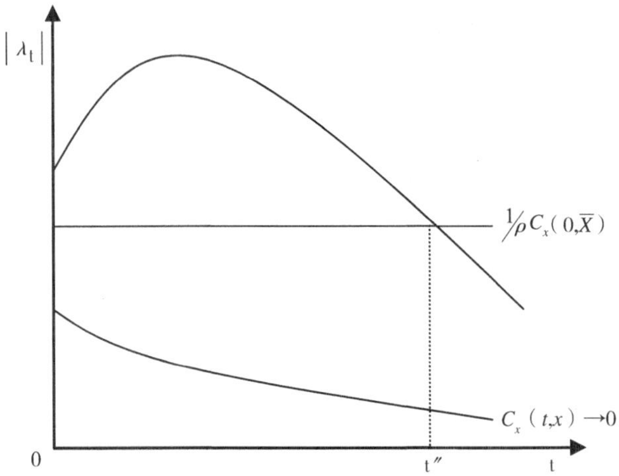

图4-3 "产权公共域"下土地资源租金价格的偏离

二、土地级差用途下的"租金消散"情形

在上文分析产权主体面临土地用途选择时,以土地资源的两个典型用途为例进行了分析,并得出了两个情形下的土地资源租金价格的最优变动轨迹。现在此基础上进一步讨论"租金耗散"的情形。

表4-2 在不同选择下,土地"产权公共域"下的"租金耗散"

情形一:"非 A 即 B"。其他用途最优收益(A:经济用途;B:生态用途)	情形二:"A+φB 或 B+ψA"($0 \leq \varphi \leq 1; 0 \leq \psi \leq 1$)
"产权公共域"程度$\varphi(0 \leq \varphi \leq 1)$	"产权公共域"程度:$\Omega(0 \leq \Omega \leq 1)$

续表

情形一："非 A 即 B"。其他用途最优收益（A：经济用途；B：生态用途）		情形二："A+φB 或 B+ψA"（0≤φ≤1；0≤ψ≤1）	
A＝B	φ(A＝B)	A+φB＝B+ψA	Ω(A+φB＝B+ψA)
A＞B	φA	A+φB＞B+ψA	Ω(A+φB)
A＜B	φB	A+φB＜B+ψA	Ω(B+ψA)

如表4-2中所示的是"产权公共域"下，产权交易主体土地资源租金价格利益的损失。在情形一中，假设两种土地用途不可兼得。当 $A=B$ 时，这意味着产权主体在土地产权交易中选择 A 用途或选择 B 用途对产权主体而言租金收益相同，当存在"产权公共域"的情形，即产权主体只得到最优租金价格利益的一部分。此时，产权主体损失的单位租金收益为：$\varphi\left[C_{X_{t_1}}(x_{t_1}, X_{t_1}, t) + \int_t^T e^{-\rho(\tau-t)} C_{X_\tau}(x_{t_1}, X_{t_1}, t)\mathrm{d}\tau\right]$ 或 φ $\left[C_{X_{t_2}}(x_{t_2}, X_{t_2}, t) + \int_t^T e^{-\rho(\tau-t)} C_{X_\tau}(x_{t_2}, X_{t_2}, t)\mathrm{d}\tau\right]$。当 A＞B 时，这意味着土地产权交易中选择经济用途最为有利，此时，产权主体损失的单位租金收益为：$\varphi\left[C_{X_.}(x_{t_1}, X_{t_1}, t) + \int_t^T e^{-\rho(\tau-t)} C_{X_\tau}(x_{t_1}, X_{t_1}, t)\mathrm{d}\tau\right]$。同理，当 A＜B 时，产权主体损失的单位租金收益为：$\varphi\left[C_{X_{t_1}}(x_{t_2}, X_{t_2}, t) + \int_t^T e^{-\rho(\tau-t)} C_{X_\tau}(x_{t_2}, X_{t_2}, t)\mathrm{d}\tau\right]$。

注意，这是在独立产权意义上的理论分析，暗含的理论假设是土地在其他用途都会获得最大收益。

同样，对于情形二也有三种情形：

（1）若 $A+\varphi B=B+\psi A$，此时，"产权公共域"下产权主体损失的单位租金收益为：

$$\Omega\left\{\begin{array}{l}C_{X_{t1}}(x_{t_1},X_{t_1},t)+\int_t^T e^{-\rho(\tau-t)}C_{X_\tau}(x_{t_1},X_{t_1},t)\,\mathrm{d}\tau+\\[2mm]\varphi\left[\begin{array}{l}C_{X_{t_2}}(x_{t_2},X_{t_2},t)+\\\int_t^T e^{-\rho(\tau-t)}C_{X_\tau}(x_{t_2},X_{t_2},t)\,\mathrm{d}\tau\end{array}\right]\end{array}\right\} \text{或}$$

$$\Omega\left\{\begin{array}{l}C_{X_{t_2}}(x_{t_2},X_{t_2},t)+\int_t^T e^{-\rho(\tau-t)}C_{X_\tau}(x_{t_2},X_{t_2},t)\,\mathrm{d}\tau+\\[2mm]\psi\left[C_{X_{t_1}}(x_{t_1},X_{t_1},t)+\int_t^T e^{-\rho(\tau-t)}C_{X_\tau}(x_{t_1},X_{t_1},t)\,\mathrm{d}\tau\right]\end{array}\right\}$$

（2）若 A+φB>B+ψA，产权主体损失的单位租金收益为：

$$\Omega\left\{\begin{array}{l}C_{X_{t_1}}(x_{t_1},X_{t_1},t)+\int_t^T e^{-\rho(\tau-t)}C_{X_\tau}(x_{t_1},X_{t_1},t)\,\mathrm{d}\tau+\\[2mm]\varphi\left[C_{X_{t_2}}(x_{t_2},X_{t_2},t)+\int_t^T e^{-\rho(\tau-t)}C_{X_\tau}(x_{t_2},X_{t_2},t)\,\mathrm{d}\tau\right]\end{array}\right\}$$

（3）若 A+φB<B+ψA，产权主体损失的单位租金收益为：

$$\Omega\left\{\begin{array}{l}C_{X_{t_2}}(x_{t_2},X_{t_2},t)+\int_t^T e^{-\rho(\tau-t)}C_{X_\tau}(x_{t_2},X_{t_2},t)\,\mathrm{d}\tau+\\[2mm]\psi\left[C_{X_{t_1}}(x_{t_1},X_{t_1},t)+\int_t^T e^{-\rho(\tau-t)}C_{X_\tau}(x_{t_1},X_{t_1},t)\,\mathrm{d}\tau\right]\end{array}\right\}$$

在加入现实约束条件后，情况会有所变化。主要原因是土地的弱产权或部分产权，也就是说土地在其他用途中的机会成本并不是基于独立产权假设基础上的概念，而是一个有产权约束的情形。在此情形下讨论土地"租金耗散"问题，需要根据实际情况而定。举个例子来说，土地资源的生态用途受限，而经济用途不受限。这种情形下，土地资源在生态用途上不会得到最大收益，而经济用途会得到最大收益。对于产权主体而言，土地资源产权交易可能只会考虑一种用途，只要在经济用途的收益大于生态收益。这时就不存在根据机会成本定价的选择问题。反之，亦然。这实际上是通过对土地其他用途的机会成本定价的限制，进而来限定价格的情形。

综上，本章在第三章的基础上，基于租金、产权、价格的内在逻辑，对土地资源租金价格的动态轨迹进行了理论探讨，从动态最优视角构建了土地资源租金价格的理论模型，回应了土地补偿标准问题。此外，本章还分析了土地"产权公共域"下的土地租金的"耗散"的不同情形。

第五章 土地折现率方法的模拟讨论

在土地资源租金价格测算中,有两个基本问题:一是租金的定义是什么,以何衡量租金,二是租金利率怎么衡量。显然,关于租金的定义,本书在第三章中已经进行了详细阐述。本章在第三章的基础上,以机会成本定义租金,那么,这从根本上就需要一个市场逻辑解释租金价格。而现行的土地市场发育并不完善,本章只能根据现实背景下的土地市场特点对土地资源租金价格进行仿真分析。二是租金利率问题。关于租金利率,国内多以还原利率反映。本章考虑到第四章从动态最优视角讨论了土地资源租金价格的理论情形。那么就有必要对土地租金利率问题进一步从动态视角进行研究。本章在第四章的基础上,进一步对土地资源租金价格测算方法进行相应的讨论和应用分析,为衡量土地资源租金价格提供方法参考。在分析中,重点对测算土地价格的租金利率(从动态视角可理解为折现率)问题进行讨论及模拟分析,主要是第四章中理论模型的进一步应用的思路,从而为土地资源租金价格测算提供方法借鉴。

第一节 土地折现率方法的拓展讨论

为了分析方便,将第四章涉及的土地资源租金价格理论模型部分所提及的重要理论公式再次进行强调分析。在对土地资源租金价格的探讨中,文章考虑了土地长期供给无弹性下,从总体上进行最优定价的情形,即给全部供给土地租金一个长期利率 ρ ,然后考察其最优价格的动态变动轨迹。基于机会成本的视角分析了 ρ 的理论变动轨迹。考虑一个总体的情形:

$$(\mathrm{d}/\mathrm{d}t)\ln[(p_t - C_{x_t}(x_t, X_t, t)] = \rho - C_{x_t}(x_t, X_t, t) / \int_t^T e^{-\rho(\tau-t)} C_{X_\tau}(x_t,$$

$$X_t, t)\,\mathrm{d}\tau \tag{5-1}$$

如式(5-1)所示的反映土地"耗损"资源的未来价值变化取决于 ρ 及土地资源耗损 x_t 的边际机会成本与土地资源耗损后剩余部分土地未来价值(或累积的代际机会成本)的比值之差。因为 ρ 固定,因此,从根本上而言,土地资源"耗损"的未来价值变化取决于两种效应:一是土地"耗损"资源价值的"单位增加效应",即反映由于相对需求增加带来的土地"耗损"资源的边际价值增加程度;二是土地"耗损"资源价值的"总量折损效应",即反映由于总供给量减少给未来价值带来的损失程度。假设需求不变,土地资源的耗损将会使得土地变得更为稀缺,未来相对于土地供给的需求上升,因此 $\dfrac{\dot{c}_{x_t}}{c_{x_t}}$ 上升 。也即存在一个土地"耗损"资源价值的"单位增加效应"。当"单位增加效应"足够大时,也即随着 $\dfrac{\dot{c}_{x_t}}{c_{x_t}}$ 增加,

$C_{x_t}(x_t, X_t, t) / \int_t^T e^{-\rho(\tau-t)} C_{X_\tau}(x_t, X_\tau, t) \mathrm{d}\tau$ 减少，在一定程度上能够弥补土地"耗损"资源价值的"总量折损效应"，如果 $C_{x_t}(x_t, X_t, t) / \int_t^T e^{-\rho(\tau-t)} C_{X_\tau}(x_t, X_\tau, t) \mathrm{d}\tau \rightarrow 0$，这意味着由于土地资源的未来单位价值足够大，能够弥补由于土地资源总量不断减少带来的损失，此时当期土地的总价值与未来土地总价值几乎是相同的。举一个例子，如果现时土地供给总量为100，单价为10，由于土地可供耗损资源未来的供给总量减少为10，单位价值却上升为100，二者总价值是相同的。但是，这并不意味着土地"耗损"资源单位价值的上升就一定会抵消"总量折损效应"，文章提出了一个类似于倒"U"型的理论变动轨迹，即在一定时期"单位增加效应"能够弥补甚至超过"总量折损效应"，然而这是不可持续的，到一定拐点后，则"总量折损效应"会占据上风，直至土地资源完全"耗竭"。

《建设项目经济评价方法与参数》（以下简称《方法与参数》）给出了土地"影子价格"的基本表示方式，但是，《方法与参数》给出的测算方式是一种反映土地不完全竞争市场的情形，不能有效反映土地的机会成本。因此，可以借鉴《方法与参数》的表示方式，基于本章关于土地租金最优价格的理论动态轨迹，从总体视角，给出一个拓展的应用公式：

$$p = \sum_{t=1}^T P_0 \left[(1+\rho)(1+i) \right]^{t+x} \tag{5-2}$$

式（5-2）中 p 表示土地资源租金的最优价格，P_0 表示基期土地资源的租金最优价格，ρ 表示土地长期折现率，i 表示"折损率"，它取决于土地"耗损"资源价值的"单位增加效应"与"总量折损效应"的相对变化,不妨将 i 表示为 $i = mr - mc$, mr 表示"单位增加效应", mc 表示"总量折损效应",当 $i < 0$,意味着土地资源未来总价值有一定程度的折损;当 $i > 0$,意味着土地资源未来总价值增值;当 $i = 0$,意味着后代人可以享有与当代人同样的土地资源总价值。

从根本上而言,机会成本变化是由供求共同决定的,对于租金需求者而言,有获取土地、租金满足生存的需求;对土租金供给者而言,有获取土地、获取利润的租金供给的动机,因此,不妨将机会成本纳入产权交易主体的效用函数,即产权交易主体的效用取决于获取的最优租金(在土地供给无成本条件下,以机会成本表示)。

从租金需求视角,考虑产权交易主体获取租金的效用,设效用函数为:

$$\int e^{-\rho_t t} U(c_x) \tag{5-3}$$

则产权交易主体对租金需求的约束条件为:

$$\text{s.t.} \ \dot{R}_t = f(R_t) - c_x \tag{5-4}$$

$f(\cdot)$ 表示租金总存量生产函数, $\dot{R}_t$ 为租金的变动率, c_x 为土地资源"耗损"的边际机会成本。需要指出的是,这里的 ρ_t 是对效用函数的"折现",而不是土地租金的长期利率,它反映了产权交易主体对租金在当期与未来时期的时间偏好。在此基础上构建哈密尔顿函数, $H = \int e^{-\rho_t t} U(c_x) + \pi_t \dot{R}_t$ 。

一阶最优条件为:

$$\frac{\partial H}{\partial c_{x_t}} = e^{-\rho_t t} U'(c_{x_t}) - \pi_t = 0 \tag{5-5}$$

$$\frac{\partial H}{\partial \pi_t} = \dot{R}_t = f(R_t) - c_{x_t} \tag{5-6}$$

$$\dot{\pi}_t = -\frac{\partial H}{\partial R_t} = -\pi_t f'(R_t) \tag{5-7}$$

由一阶条件可以得到 ρ_t 的基本表示方式：

$$\rho_t = f'(R_t) - \frac{U''(c_{x_t})}{U'(c_{x_t})} \tag{5-8}$$

其中，$f'(R_t)$ 表示租金的长期利率。$-\dfrac{U''(c_{x_t})}{U'(c_{x_t})}$ 表示单位机会成本变动(供给与需求决定)给产权交易主体带来的效用变化(需求)。$\dfrac{U''(c_{x_t})}{U'(c_{x_t})}$ 可以表示为 $\varepsilon_t \dfrac{\dot{c}_{x_t}}{c_{x_t}}$，其中，$\varepsilon_t = \dfrac{\partial U'}{\partial c_{x_t}} \cdot \dfrac{c_{x_t}}{U'}$。因此，

$$f'(R_t) = \rho_t + \varepsilon_t \frac{\dot{c}_{x_t}}{c_{x_t}} \tag{5-9}$$

式(5-9)表明，土地租金的长期利率由两部分组成，一是产权交易主体对租金纯时间偏好率；二是边际机会成本增加带来的边际效用变化。它由土地资源"耗损"的机会成本增长率与其边际效用弹性共同决定。

第二节　土地折现率(租金利率)的模拟讨论

上文在梳理土地租金利率测算方法的同时，提供了两个关于土地租金长期利率(或土地长期折现率)的测算思路，即式(5-2)和式(5-9)，基于资料的限制及文章理论模型的主要脉络两方面

考虑,本章着重对式(5-2)进行模拟分析,为本书理论模型关于土地长期折现率的测算方法提供数据说明。

式(5-2)成立的基本前提是土地长期供给无弹性,即第四章所指出的土地"耗损"资源供给量随着土地产权交易过程的进行,不断地"耗尽"。从我国现实的土地供给来看,从总量上讲,国家规定了 18 亿耕地红线,也就是说,可供经济建设或生态用地的土地供给总量是有一点门槛限制的。也就是说,本书在第四章中对土地资源租金价格模型的理论假说有着现实的基础。

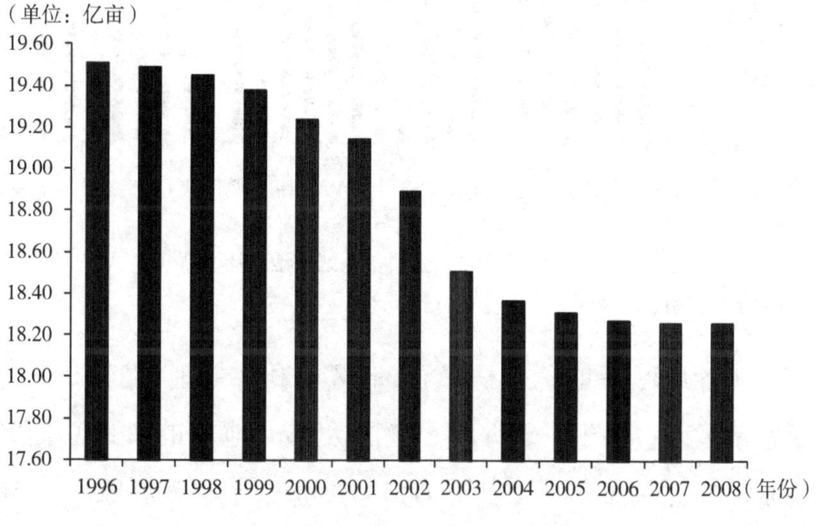

（单位：亿亩）

图 5-1　1996—2008 年总耕地面积

资料来源:根据《中国国土资源年鉴》整理而来。

图 5-1 揭示了全国总耕地面积的变动。可以看出,尽管国家正在努力以土地复垦等方式保有土地总耕地面积,然而,随着经济建设等用地的不断需求,土地总耕地面积从总体上是不断下降的,到了 2008 年就已经接近于 18 亿亩耕地红线。

如果,耕地总量减去 18 亿亩,那么我们可以粗略地看到可利用耕地的总量变化正在逐年减少。中国可利用的耕地面积正在逐年减少,这类似于本书在土地资源租金价格变动分析中所阐释的土地资源的"耗损"过程。

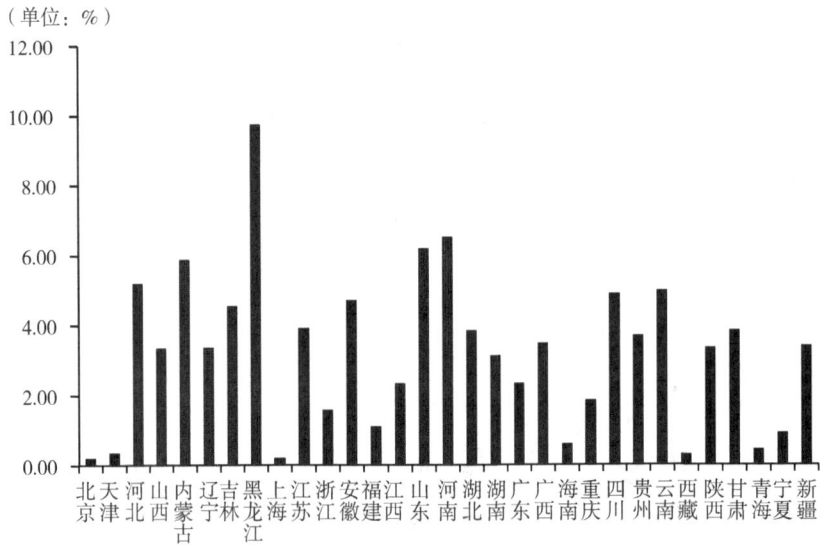

（单位: %）

图 5-2　全国各地区耕地占比

资料来源:《中国统计年鉴》。

从各地区耕地总面积来看,地区可利用耕地,尤其是东部地区接近于极限,如图 5-2 所示。全国大部分地区的耕地总面积占土地面积的比例位于 5% 以下,且区域间的耕地资源禀赋存在不均衡现象,而现有中国并没有一个统一的土地市场,这种土地市场分割的局面加剧了局部地区的耕地稀缺性。

式(5-2)关于土地租金长期利率考虑了固定利率 r、"单位增加效应" mr 和"总量折损效应" mc。首先,为了分析方便,暂不考虑 mc,考察土地折现率的边际效应。在 t 期,这种边际效应表现为 $\rho(1+i_t)$。关于土地租金固定利率 ρ,可以考虑采取固定利率表示。

（单位：%）

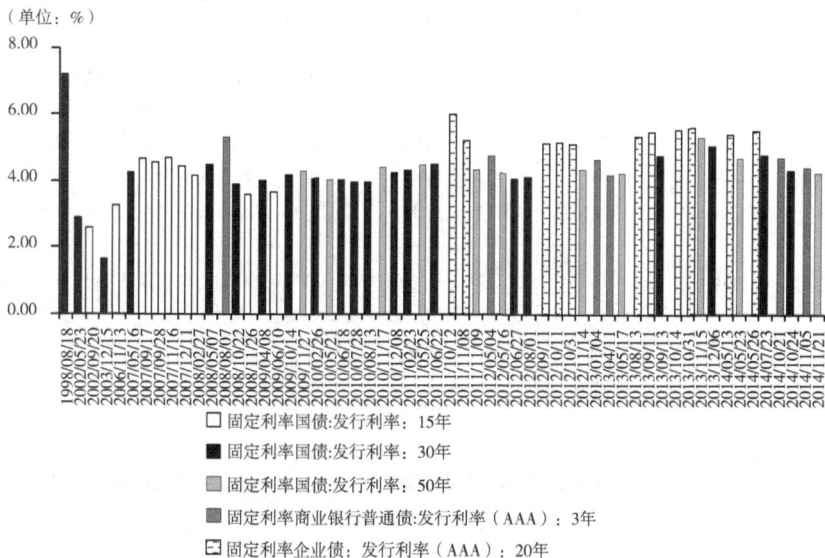

图 5-3　国债固定发行利率和（AAA）企业 20 年固定利率

资料来源：数据源于 Wind 信息数据库。

　　由图 5-3 可以看出，国债固定利率集中分布在 4%—6%。故采取 4%、5%、6% 的固定利率进行模拟。紧接着，为了分析方便，假如土地需求不变，也即未来土地增值收益取决于土地供给相对于需求的稀缺程度，而土地供给总量随着"土地资源耗损"程度的提高不断减少，因此，即使需求不变，土地供给相对于需求的稀缺程度也随着土地产权失去过程的进行在不断加强。因此，在土地需求不变的情形下，土地供给相对于需求的稀缺程度取决于"土地资源耗损速率"，而土地的稀缺性将会使单位土地的租金价格上升。换句话说，在土地需求不变的情形下，未来土地价值的边际增值率取决于土地资源"耗损"速率。现以征地和生态退耕为例，对土地资本长期折现率变化进行模拟说明。

表 5-1   1998—2017 年生态退耕占耕地总供给量的比例

年份	1998	1999	2000	2001	2002	2003	2004	2005	2006	2007
比例	0.017	0.043	0.093	0.078	0.24	0.66	0.3	0.189	0.189	0.015
年份	2008	2009	2010	2011	2012	2013	2014	2015	2016	2017
比例	0.004	—	0.001	0.001	0.001	0.001	0.0002	0.002	0.003	0.001

注:"—"表示统计数据缺失,下同。

资料来源:根据《中国国土资源年鉴》整理而来。

表 5-2   2004—2017 年模拟计算的全国生态退耕的土地折现率

折现率 \ 年份	2004	2005	2006	2007	2008	2009	2010
$\rho = 4\%$	5.2	4.756	4.756	4.06	4.016	—	4.004
$\rho = 5\%$	6.5	5.945	5.945	5.075	5.02	—	5.005
$\rho = 6\%$	7.8	7.134	7.134	6.09	6.024	—	6.006

折现率 \ 年份	2011	2012	2013	2014	2015	2016	2017
$\rho = 4\%$	4.004	4.004	4.004	4.001	4.008	4.012	4.004
$\rho = 5\%$	5.005	5.005	5.005	5.001	5.010	5.015	5.005
$\rho = 6\%$	6.006	6.006	6.006	6.001	6.012	6.018	6.006

在生态退耕过程中同样也伴随着土地资源的"耗损"过程。表 5-1 是部分年份生态退耕总面积占可利用耕地总面积的比例,在此基础上可以得到表 5-2 中生态退耕的土地折现率。当然,生态退耕也包括征地内容,征地也包括生态退耕的内容,因此两部分内容实质上存在一定的重合,由于数据的限制,本章并不关注二者的细微差别,仅以此为例对本章方法测算土地资本折现率变化进行模拟说明。

表5-3 2004—2017年征地占土地总供给量的比例

年份	2004	2005	2006	2007	2008	2009	2010
比例	0.08	0.144	0.19	0.174	0.177	0.263	0.268
年份	2011	2012	2013	2014	2015	2016	2017
比例	0.037	0.034	0.030	0.026	0.025	0.022	0.019

表5-4 2004—2017年模拟计算的全国征地的土地折现率

折现率＼年份	2004	2005	2006	2007	2008	2009	2010
$\rho = 4\%$	4.32	4.576	4.76	4.696	4.708	5.052	5.072
$\rho = 5\%$	5.4	5.72	5.95	5.87	5.885	6.315	6.34
$\rho = 6\%$	6.48	6.864	7.14	7.044	7.062	7.578	7.608
折现率＼年份	2011	2012	2013	2014	2015	2016	2017
$\rho = 4\%$	4.149	4.137	4.120	4.103	4.100	4.088	4.077
$\rho = 5\%$	5.187	5.171	5.149	5.129	5.124	5.110	5.097
$\rho = 6\%$	6.224	6.205	6.179	6.155	6.149	6.132	6.116

征地实际上就是土地资源"耗竭"的过程。表5-3是征地与土地总供给量的对比情况,在此基础上可以得到表5-4中征地部分的土地折现率。

这是在需求不变的条件下,考察租地长期折现率的变动情形。然而,土地需求并不是随着市场状况不断发生变化的,因此也需要考虑需求变动给土地长期折现率带来的变化。可以将 $\rho(1 + i_t)$ 进一步表示为 $\rho[1 + i_t(1 + d)]$,其中 d 表示需求变动率,当需求增加,也即 $d > 0$ 时,此时土地租金长期利率上升,单位土地的价格也会上升;反之,当 $d < 0$ 时,意味着需求下降,此时土地租金长期利率下降。

可以做一个简单的模拟。例如,需求增加率为 6%,那么生态退耕下的土地租金长期利率进一步可以用表 5-5 表示。

表 5-5　2000—2017 年考虑需求增加 6% 的土地折现率模拟计算

折现率＼年份	2000	2001	2002	2003	2004	2005	2006	2007	2008
$\rho = 4\%$	4.394	4.331	5.018	6.798	5.272	4.801	4.801	4.064	4.017
$\rho = 5\%$	5.493	5.413	6.272	8.498	6.590	6.002	6.002	5.080	5.021
$\rho = 6\%$	6.591	6.496	7.526	10.198	7.908	7.202	7.202	6.095	6.025

折现率＼年份	2009	2010	2011	2012	2013	2014	2015	2016	2017
$\rho = 4\%$	—	5.136	4.157	4.144	4.127	4.110	4.106	4.093	4.081
$\rho = 5\%$	—	6.420	5.196	5.180	5.159	5.138	5.133	5.117	5.101
$\rho = 6\%$	—	7.704	6.235	6.216	6.191	6.165	6.159	6.140	6.121

以生态退耕为例,考虑 R_1 为 6% 的情形,价格管制下的情形。假设每年每亩土地年初价格为 70000 元。那么,每年每亩的土地资源租金价格如表 5-6 所示。

表 5-6　2001—2017 年土地资源租金价格　　　　（单位:元/亩）

年份	2001	2002	2003	2004	2005	2006	2007	2008
价格	74613.7	74547.2	75268.2	77138.6	75535.6	75041.4	75041.4	74266.5
年份	2010	2011	2012	2013	2014	2015	2016	2017
价格	75392.8	74364.5	74351.2	74333.7	74315.5	74311.3	74298	74284.7

可见,即使在不考虑土地折损率的情形下,R_1 为 6% 时,2010 年后土地资本价值的"总量折损效应"仍然超过"单位增加效应",表现为每年的土地总价值的不断下降。当然,这是在价格管制的情形下,没有考虑每年土地市场价格的变动。如果放开价格管制的情形,考虑土地资源租金价格的变动,那么土地资源租金价格的

"单位增加效应"有可能弥补甚至超过"总量折损效应"。譬如,设1997年土地资源租金价格为50000元/亩,那么土地总租金价格为74273.25亿元,这低于1998—2001年每年每亩年初价格为70000万元的土地租金总价格。当然,土地资源租金价格的"单位增加效应"也不是无止境的,它取决于土地供需的变化。正如本书理论模型所分析的,当"总量折损效应"达到一定程度时,土地总租金价格就会有一个总体下降的趋势。以上文分析为例,自2011年之后,这种"单位增加效应"就低于"总量折损效应"。

第六章　基于社会折现率的
土地租金价格评估

　　土地资本方程中的利率(还原利率)是研究土地价格的重要变量。然而,关于还原利率的确定却没有统一的标准。本章基于西方主流的社会折现率测算的基本思想,考察了社会折现率的相关测算方法,对社会边际时间偏好率法(The Social Rate of Time Preference,SRTP)、资本的边际社会机会成本法(Marginal Social Opportunity Cost of Capital,SOC)、加权平均法(Weighted Average Approach,WAA)的测算方法及逻辑结构进行了梳理分析,在此基础上对全国及各地区的土地租金价格进行了评估测度。

第一节　纳入社会折现率的理论逻辑

　　马克思在《资本论》中精辟地指出了土地价格的本质,认为:"资本化的地租表现为土地价格或土地价值"。"土地价格无非是出租土地的资本化的收入",因此,从本质上讲,土地价格是土地资本价值的货币表现形式。土地价格"不是土地的购买价格,而是土地所提供的地租的购买价格,它是按普通利息率计算的"。不论是马克思的土地价格理论还是新古典经济学者的土地价格理论都利用土地资本方程或租金资本方程(Rent Capitalization Model)对土地价格进行分析。土地资本方程的主要特点是将"租金"或资本收入作为需求的主要决定因素,并考虑利率或折现率的变动情形。它将土地价格视为现期价值加未来收益的折现。土地价格与地租的资本化公式可以表示为:

$$P = \frac{R}{i} \tag{6-1}$$

式(6-1)本质上将地租与土地价格以一个静态的方式表示出来,没有考虑时间因素对土地价格的影响。P 表示土地价格,R 表示租金或资本收益,i 表示指利率或折现率。

其中一个重要问题就是折现率的选择。然而,西方学者对利率的选择并未达成一致的意见。欧文·费希尔(Irving Fisher)的古典利息理论认为,均衡的实际利率是不变的。起初的土地资本方程假设折现率(利率)不变、产权主体风险中立,且税收对资本收益和租金收益的影响忽略不计。[1] 马克思对 r 的解释是地租的利率。新古典经济学家约翰·贝次·克拉克(John Bates Clark, 1847—1939)认为,地租是土地资本的利息,是利息的派生形式。

---

[1] Hamilton, J. D., Whiteman, C. H., "The Observable Implications of Self-Fulfilling Expectations", *Journal of Monetary Economics*, Vol. 16, No. 3, 1985, pp. 353 - 373; Baker, T. G., Ketchabaw, E. H., Turvey, C. G., "An Income Capitalization Model for Land Value With Provisions for Ordinary Income and Long-Term Capital Gains Taxation", *Canadian Journal of Agricultural Economics*, Vol. 39, No. 1, 1991, pp. 69–82.

实质上,两者具有一定的相通性,马克思在分析土地价格时,也提出"土地资本"的概念。马歇尔也认为土地是一种特定形式的资本。资本理论将 r 理解为资本利率或折现率。一些经济学家对固定利率提出质疑,因为利率随着商业周期变动[1]或随着期望通胀率的变动而变动。[2] 经济学者对土地资本方程中的 r 是名义利率还是实际利率也是存在分歧的。从动态视角看,无论是名义利率还是实际利率,都涉及对未来资本收益的评估,而这并不能直接观测到。因此,从长期来看,均衡的固定折现率并不能精确地确定。相比实际利率,采用名义利率相对容易。因为名义利率包含了通胀因素,可以随着通胀率的变化而变化。而实际利率的确定却并不容易。正是由于未来收益的不确定,风险因素是许多经济学家在确定折现率时考虑的因素。[3]梅利查(Melichar, 1979)认为,资本收益以 g 的速率增加,而名义利率则以 g 的速率缩减。在梅利查的影响下,费尔德斯坦(Feldstein, 1980)认为,期望通胀率提高会降低折现率,进而提高土地价格。

在动态视角下,式(6-1)可以给出一个方式:

$$p = (\frac{R}{i}) \left[1 - \frac{1}{(1+i)^n} \right] \qquad (6-2)$$

---

① Vito, T., "Inflationary Expectations, Economic Activity, Taxes and Interest Rates", *American Economic Review*, Vol. 70, No. 1, 1980, pp. 12-21.

② Feldstein, M., "Inflation, Portfolio Choice, and the Prices of Land and Corporate Stock", *American Journal of Agricultural Economics*, Vol. 62, No. 5, 1980, pp. 910-916.

③ Chavas, J. P., Bishop, R. C., Segerson, K., "Ex Ante Consumer Welfare Evaluation in Cost-Benefit Analysis", *Journal of Economics and Environmental Management*, Vol. 13, No. 3, 1986, pp. 255-268; Graham, D. A., "Cost-Benefit Analysis under Uncertainty", *American Economic Review*, Vol. 71, No. 4, 1981, pp. 715-725; Harris, D. G., "Inflation-Indexed Price Supports and Land Values", *American Journal of Agricultural Economics*, Vol. 59, No. 3, 1977, pp. 489-495; Griffin, S., Boehlje, M., "Financial Impacts of Government Support Price Programs", *American Journal of Agricultural Economics*, Vol. 62, No. 3, 1980, pp. 603-605.

其中，p 表示土地价格，它实质上也可以看作是基期的土地价格，n 表示年限，R 表示地租，i 则表示地租的利息。当 $n \to \infty$，则式（6-2）可以表示为：

$$P^{'} = \frac{R}{i} \tag{6-3}$$

式（6-3）表示的土地价格是最优的情形，它取决于土地出售者（供给方）的机会成本和购买者（需求方）的资本收益。[①]

土地资本方程在国内应用起步较晚。国内学者普遍将这种方法称作"收益还原法"。利用收益还原法对土地价格进行研究的文献主要有：胡援成（1990）在温特地价模型、梅尔地价模型的基础上利用收益还原法对土地价格模型及其影响因素进行了研究，他将投资、人口、收入、税收、通胀等多种因素纳入模型框架；杨继瑞（1994）则利用传统的土地价格资本公式对地价上涨的机制进行了探析；朱仁友（2000）针对我国利用收益还原法的估价模型过于简单的问题，用实际纯收益代替预期纯收益，并对还原利率等的确定进行了改进；钱建平、周勇（2004）则基于灰色理论的收入还原法对农地估价进行应用分析；任浩、郝晋珉（2003）用收益还原法，考虑了农地价格"剪刀差"的影响，并对土地价格进行了修正。提出了考虑农地"剪刀差"下农地的两个基本表示公式：一是农地价格=（剪刀差修正后的农地总收益-剪刀差修正后的农地总费用）/还原率；二是农地价格=（农地总收益/农产品价格低于价值的幅度）×倍数；张振华（2013）利用收益还原法对农村土地流转价格的研究等。

---

① Robison, L. J., Lins, D. A., Venkataraman, R., "Cash Rents and Land Values in U. S. Agriculture", *American Journal of Agricultural Economics*, Vol. 67, No. 4, 1985, pp. 794–805.

然而,国内学者关于土地还原利率的选择并没有一个成熟的思路。大多是根据银行利率确定还原利率。然而,这并没有统一的标准。从动态视角来看,折现率实际上反映了现时和未来价值的选择,这与经济学意义上的贴现率本质上是相通的。基于此,本章试图从社会折现率(Social Discount Rate)的视角对折现率的选择加以分析。选择社会折现率的主要原因是它反映了社会未来与现在价值的相对变动关系,而社会折现率正是在经济学意义上的贴现率的基础上的一般运用。社会折现率(Social Discount Rate)关系到投资与消费现时与未来的选择问题。它普遍被运用于公共项目(如环境、水利工程)、私有项目(如建筑、消费)。本章介绍了社会折现率的测算方法,并对全国及各地区的社会折现率进行了估算,在此基础上对土地租金价格进行了实证和模拟分析。

第二节　社会折现率的测算方法的内在逻辑

社会折现率反映了社会未来与现在价值的相对变动关系。在完全竞争市场中,社会折现率与市场利率是相同的,它本质上反映了当期与未来资本的机会成本的相对关系,是衡量投资边际社会机会成本的指标。然而,现实中市场往往是扭曲的,市场利率并不能反映投资的边际社会机会成本。因此,经济学家替代性地提出了多种社会折现率测算方法,然而经济学界并未对测算方法达成一致的意见。

主流的社会折现率测算方法主要有两种测算视角:一是基于消费视角测算社会折现率。主要代表方法是社会边际时间偏好率法。社会边际时间偏好率表示消费者愿意延迟一单位现时消费换取未来消费的相对比率。社会边际时间偏好率法暗含的基本假定是资本的需求无弹性,即社会折现率只取决于消费者消费的资本效用。当消费者现时消费的资本效用相对未来越大,则越倾向于现时消费,这意味着消费的社会折现率也越高。其中,关于消费者消费的时间偏好的一个重要概念是纯社会时间偏好率,它反映了消费者自身对现时消费换取未来消费的偏好程度。消费者的纯社会时间偏好率越高,意味着消费者愿意现时消费的偏好程度也越高,愿意推迟现时消费换取未来消费的比率也越高。它有两种标准解释①。一是纯时间偏好率为正。即认为未来消费的效用低于现实消费。埃克斯泰因(Eckstein,1961)指出人口死亡的风险或死亡率是支撑纯时间偏好率为正的客观理由。达斯古塔和皮尔斯(Dasgupta 和 Pearce,1972)、库拉(Kula,1985、1987、2004)、埃文斯和塞泽(Evans 和 Sezer,2004)等将人口死亡率纳入纯时间偏好率测算的经验研究范畴。然而,拉姆齐(Ramsey,1929)、哈罗德(Harrod,1949)、索洛(Solow,1974)等认为,纯时间偏好率为正在道德上是不成立的。因此,关于纯时间偏好率,学术界并未达成一致意见。二是个人预期未来的消费水平增加的边际效用会减少,即未来消费的边际支出要高于现时的边际支出,因此,个人宁愿选择现时消费。而西方文献在解释纯时间偏好率的原因时,往往从两个角度进行阐述:一是消费者存在"短视"(Myopic)或消费的"急切"(Impatient)心理;二是未来死亡的风险。表6-1列示了部分主流文献关于时间偏好率的经验研究方法。

---

① Dasgupta,A.,Pearce,D.,*Cost-Benefit Analysis*,UK: Palgrave Macmillan,1972.

表 6-1　主流文献关于纯时间偏好率的经验研究

文献来源	估计结果	理论及数据方法
斯科特(Scott,1977)	1.5%	"短视"因素为 0.5%、生存风险为 1.0%
库拉(Kula,1985)	2.2%	英国 1900—1975 年人口年均生存率
库拉(Kula,1987)	1.2%	1975 年英国人口年均死亡率
斯科特(Scott,1989)	1.3%	"短视"因素为 0.3%,生存风险为 1.0%
纽伯里(Newbery,1992)	1.0%	感知人类的末世风险
诺德豪斯(Nordhaus,1993)	3%	DICE 模型
皮尔斯和乌尔夫(Pearce 和 Ulph,1995)	1.1%	英国 1991 人口年均死亡率
埃文斯和塞泽(Evans 和 Sezer,2004)	1.0%—1.5%	人类灾难风险
库拉(Kula,2004)	1.3%	印度 1965—1995 年人口年均死亡率
埃文斯(Evans,2006)	1%	欧洲联盟 15 个国家 2002—2004 年的人口年均死亡率
斯特恩(Stern,2006)	0.1%	人类种族每年灭绝概率

　　关于社会边际时间偏好率法主要有两种替代方法:一是以政府债券或其他低风险的有价证券的税后利率作为社会边际时间偏好率法的近似估计值。但是这种方法忽略了个体折现率与社会折现率的差异。往往,社会折现率要低于市场利率,因为后者能够体现个体的"短视"因素。[①]另一种方法是拉姆齐(1929)提出的拉姆齐公式(Ramsey's Formula)。在拉姆齐公式中,社会折现率包括两部分:一是消费者消费的纯时间偏好率;二是消费增长及其带来的边际效用弹性。具体推导过程如下:

　　考虑下面的拉姆齐增长模型:

----

① Dasgupta, A., Pearce, D., *Cost-Benefit Analysis*, UK: Palgrave Macmillan, 1972.

$$\int_0^\infty U(c_t)e^{-\rho t}\mathrm{d}t \tag{6-4}$$

约束条件为：

$$s.t.\dot{k}_t = f(k_t) - c_t \tag{6-5}$$

其中，$U(\cdot)$ 代表消费者的效用函数，它是消费 c_t 的函数，它具有 $U'(\cdot) > 0$ 和 $U''(\cdot) < 0$ 的凹性特征，$f(\cdot)$ 表示生产函数，t 表示 t 时期的投资。

一阶优化条件为：

$$U'(c_t)f'(k_t) + U''(c_t)\dot{c}_t - \rho U'(c_t) = 0 \tag{6-6}$$

则可得到社会折现率的基本公式：

$$r = f'(k_t) = \rho + \theta g \tag{6-7}$$

其中，$\theta = -c$，表示消费的边际效用弹性；$g = \dfrac{\dot{c}_t}{c_t}$ 表示消费增长率。

关于纯时间偏好率，已在上文中进行了阐述，不再赘述。消费的增长是可以观察到的，因此，估计社会折现率的一个关键变量是消费的边际效用弹性。对于消费的边际效用弹性的估计，主要有三种测算思路[①]：一是直接调研法（Direct Survey Methods）；二是消费行为的间接观测法（Indirect Behavioral Evidence）；三是社会价值观揭示法（Revealed Social Values）。直接调研法通过设计关于消费者风险和不平等厌恶反映的相关调研问题，以直接估计消费的边际效用弹性。消费行为的间接观测法通过对消费者

---

① Evans, D. J., "The Elasticity of Marginal Utility of Consumption: Estimates for 20 OECD Countries", *Fiscal Studies*, Vol. 26, No. 2, 2005, pp. 197–224.

需求模型的经验估计以观测消费者的消费行为。社会价值观揭示法通过政府支出和税收行为来反映一个社会的消费选择和消费价值观。

表 6-2　消费边际效用弹性估计的经验文献

文献来源及方法	经验估计	理论方法的数据基础
A.直接调研法		
巴斯基（Barsky 等,1995)	约 4.0	反映美国中年人的风险厌恶
B.消费行为的间接观测法		
固定需求弹性模型		
库拉（Kula,1984)	1.56	加拿大 1954—1976 年数据
库拉（Kula,1984)	1.89	美国 1954—1976 年资料
埃文斯和塞泽（Evans 和 Sezer,2002)	1.64	英国 1967—1997 年数据
埃文斯（Evans,2004)	1.6	英国 1965—2001 年数据
库拉（Kula,2004)	1.64	印度 1965—1995 年数据
埃文斯等（Evans 等,2005)	1.6	英国 1963—2002 年数据
佩尔科科（Percoco,2006)	1.28	意大利 1980—2004 年数据
布伦德尔（Blundell,1988)	1.97	英国 1970—1984 年数据
埃文斯（Evans,2004)	1.33	法国 1970—2001 年数据
终生消费模型		
布伦德尔等（Blundell 等,1994)	1.2	英国 1970—1986 年数据
二次型的几乎理想需求系统		
布伦德尔等（Blundell 等,1993)	1.06	总需求模型
布伦德尔等（Blundell 等,1993)	1.06—1.37	微观的需求模型
C.社会价值观揭示法		
班克斯等人（Banks 等,1999)	1.07	英国 1970—1986 年数据
考威尔和加德纳（Cowell 和 Gardiner,1999)	1.28—1.41	英国 1999—2000 年数据
埃文斯和塞泽（Evans 和 Sezer,2004)	1.5	英国 2001—2002 年数据
埃文斯（Evans,2005)	1.25—1.45	法国、德国、日本、英国、美国五国 2002—2003 年资料

社会边际时间偏好率法也有其自身的缺点,它暗含的假定是资本需求无弹性,因此忽略了投资在社会折现率形成中的作用。鲍莫尔(Baumol,1969)和哈伯格(Harberger,1972)指出,社会边际时间偏好率法忽略了公共部门对私有部门投资的"挤出"效应,而这可能导致市场利率上升。因此,关于社会折现率测算的另一个思路是基于投资视角进行测算。典型的方法是资本的边际社会机会成本法。资本的边际社会机会成本法由米山(Mishan,1967)、鲍莫尔(1968)、戴蒙德和米尔莱斯(Diamond 和 Mirrlees,1971)等提出。它暗含的假定是消费资本的供给无弹性,因此社会折现率只取决于投资的边际社会机会成本。基于投资视角衡量社会折现率的基本逻辑是投资具有一般性特征,而投资市场是完全竞争的,因此,投资某一项目面临丧失投资其他项目的最大收益也即投资的机会成本。在此逻辑下,私有部门和公共部门都参与投资竞争,公共部门会挤占私有部分的利益,在没有市场扭曲的情形下,投资的边际社会机会成本等于私有部门的边际社会投资回报率。因此,资本的边际社会机会成本法近似于私有投资的最大税前利率。一个典型的代表是具有最高评级的公司债券的实际税前利率[①]。具体测算如下:

假设一最高评级的公司债券 1947—2014 年的长期债券利率为 6.81%,在此期间的企业所得税率为 38%,年均通胀率为3.78%。则资本的边际社会机会成本法的具体测算过程为:首先,税前的名义利率为 $[0.0681/(1-0.38)] = 11.35\%$,考虑通胀因

① Moore, M., Boardman, A., Vining, A., Weimer, D., Greenberg, D., "Just Give Me a Number' Practical Values for the Social Discount Rate", *Journal of Policy Analysis and Management*, Vol. 23, No. 4, 2004, pp. 789-812.

素后的实际税前利率为$[(0.1135-0.0378)/(1+0.0378)]=$7.29%。因此,资本的边际社会机会成本法约为7.29%。

资本的边际社会机会成本法与社会边际时间偏好率法一样,两者只关注投资或消费一方,都是偏均衡的一种情形。在没有市场扭曲的一般均衡情形下,两者是相等的。而事实上,社会边际时间偏好率法往往低于资本的边际社会机会成本法,因为资本的边际社会机会成本法还考虑了公共部门与私有部门的竞争效应。但资本的边际社会机会成本法的缺点是没有考虑消费,因此也是片面的。因此,哈伯格(1972)、桑多莫和德雷兹(Sandmo 和 Drèze,1971)、伯吉斯(Burgess,1988)提出了一个折中的方法即加权平均法。加权平均法考虑到资本的边际社会机会成本法和社会边际时间偏好率法都是偏均衡的情形,因此,学者试图进行"折中"以试图反映现实的真实情形。另外,加权平均法还兼顾资本的边际社会机会成本法与社会边际时间偏好率法都没有考虑到开放经济系统下的一般均衡情形,在此基础上,提出了一个综合的测算公式:

$$\delta = \alpha SOC + (1 - \alpha - \beta)i_f + \beta SRTP \tag{6-8}$$

其中,δ表示社会折现率,i_f表示政府实际的国外长期借贷利率,$N(0,\sigma_v^2)$是对SOC的权重,β是对t的权重。式(6-8)进一步可以表示为:

$$\delta = \frac{\sum\limits_i \varepsilon_i(\frac{s_i}{s_t})i_i + \varepsilon_f(\frac{s_f}{s_t})i_f - \sum\limits_j \varepsilon_j(\frac{I_j}{I_t})r_j}{\sum\limits_i \varepsilon_i(\frac{s_i}{s_t}) + \varepsilon_f(\frac{s_f}{s_t}) - \sum\limits_j \varepsilon_j(\frac{I_j}{I_t})} \tag{6-9}$$

其中,i_i、r_j分别表示储蓄实际利率,投资的实际回报率;ε_i、ε_f、ε_j分别表示储蓄弹性、国外资本供给弹性和私有投资供给弹性。$\dfrac{s_i}{s_t}$ 和 $\dfrac{s_f}{s_t}$ 分别表示国内储蓄和国外储蓄占总储蓄的比值，$\dfrac{I_j}{I_t}$ 表示商业部门投资份额。如，哈贝格与詹金斯（Harberger 和 Jenkins, 2002）利用巴布亚新几内亚 1988—1989 年的数据对社会折现率的测算法提供了一个好的方法案例。但是，加权平均法的权重是个难以确定的参数，在实践中参数的设定往往缺乏一个合理的标准。

费尔德斯坦（1972）、布拉德福德（Bradford, 1975）、林德（Lind, 1982）等认识到了社会边际时间偏好率法和资本的边际社会机会成本法以及加权平均法的局限性，提出了资本的影子价格法（Shadow Price of Capital Approach, SPC）测算社会折现率。资本的影子价格法认识到公共项目的投资既可以取代私人投资产生"挤出"成本，其产生的收益也可再投资于私有部门。这种"挤出"的收益就是有利于增加未来的总体消费，而不是现有的消费。它的成本就是公共项目投资"挤出"的私有项目投资所产生的现时和未来的消费。因此，资本的影子价格法是考虑了投资和消费的一个一般均衡的情形。

假设一个 n 年的投资项目，它产生的收益为 B_t，成本为 C_t，则净收益价值为 NPV，它可表示为：

$$NPV - \sum_{t}^{0} \frac{B_t{}^* - C_t{}^*}{(1+i)^t} = \sum_{t}^{0} \frac{B_t[\varphi_b V + (1-\varphi_b)] - C_t[\varphi_c V + (1-\varphi_c)]}{(1+i)^t}$$

$$(6-10)$$

其中，φ_b 是私有投资的收益占比，φ_c 则是"挤占"私有投资的成本的占比，i 表示社会边际时间偏好率，V 即资本的影子价格。根据里昂（Lyon, 1990）理论，V 表示为：

$$V = \frac{r - sr}{i + d - sr} \tag{6-11}$$

其中, r 表示在私有投资折旧之间的总利率, d 表示折旧率, s 表示总投资储蓄率。另一个表示方式为:

$$V = \frac{\lambda - \sigma\lambda}{i - \sigma\lambda} \tag{6-12}$$

其中, λ 表示净投资(折旧后)的利率, σ 是净投资的储蓄率。

表6-3　社会折现率的各种方法的内在逻辑结构

方法　内在结构	社会边际时间偏好率法	资本的边际社会机会成本法	加权平均法	资本的影子价格法
理论视角	消费	投资	消费与投资"折中"	消费与投资
供需弹性	需求无弹性	供给无弹性	供需部分弹性	供需完全弹性
资本市场结构	需求竞争	供给竞争	不完全竞争	完全竞争
缺点	偏均衡	偏均衡	权重参数难以确定	工作量大

第三节　社会折现率的估算

一、社会边际时间偏好率的测算

上文所述,测算社会边际时间偏好率主要有两种思路,即根据政府债券或其他低风险的有价证券的税后利率或拉姆齐公式进行测算。现根据拉姆齐公式对社会边际时间偏好率进行简单测算。拉姆齐公式中一个关键参数是消费的边际效用弹性 θ，现借鉴埃文斯和塞泽（2002）、埃文斯（2004）的测算方法，将 θ 表示为：

$$\theta = \frac{b(1 - wb)}{c} \qquad (6-13)$$

其中，b 表示食品需求的收入弹性，w 表示恩格尔系数，c 表示食品需求的相对价格变动弹性。可以借鉴 CEM 需求模型，对 b、c 进行测算，用对数的形式表示为：

$$\ln y = b\ln x + c\ln p + \varepsilon \qquad (6-14)$$

其中，y 表示人均食品支出，x 表示家庭人均实际收入，p 表示食品与非食品的相对价格，ε 表示误差项。

关于 y 与 x 都可以从 Wind 信息数据库中得到，并以 2001 年为基期，进行价格调整，而 p 则需要进行测算。由于没有关于食品价格与非食品的绝对价格的统一数据，因此用价格指数（相对价格）代替。《中国统计年鉴》将 CPI 指数的测算分为八大类，除了食品这一类外，本章进一步在其他各类的相应权重（来源于 Wind 信息数据库）的基础上，对非食品价格指数进行了测算，最后以食品价格指数与非食品价格指数之比作为食品与非食品的相对价格变动指数。另外，西藏地区的资料不全，故不在本章考察范围内。

全国 2011—2019 年消费增长的边际效用弹性如表 6-4 所示。可以看出，消费的边际效用呈上升态势。2011—2019 年，全国消费效用弹性稳定在 0.45—0.49 之间。这也预示着中国居民的消费以"稳定型"为主，而非"激进型"。

表 6-4   2001—2019 年全国 θ

年份	2011	2012	2013	2014	2015	2016	2017	2018	2019
数值	0.459	0.461	0.465	0.465	0.473	0.479	0.483	0.484	0.486

在消费的边际效用弹性估计的基础上，可以得到全国及各地区的社会边际时间偏好率。表 6-5 是估计的全国 2011—2019 年社会边际时间偏好率。可以知道，2011—2015 年，全国社会边际时间偏好率基本上呈增长态势，2016 年后呈递减趋势。其中，2011 年为 4.1%，2012 年为 4.3%，这略低于同期五年期的银行定期利率（2011 年平均为 5.25%，2012 年为 4.75%）。全国社会边际时间偏好率总体上估值与五年期银行平均利率差值较小。这说明，总体上全国社会边际时间偏好率水平并不高，主要是由于居民消费效用弹性不高。

表 6-5   2011—2019 年全国社会边际时间偏好率

年份	2011	2012	2014	2015	2016	2017	2018	2019
数值	0.041	0.043	0.047	0.052	0.046	0.039	0.043	0.037

表 6-6 是各地区 2011—2019 年消费的边际效用弹性。地区消费的边际效用弹性具有区域差异性特征。其中消费边际效用弹性最高的地区有上海、江苏、黑龙江、浙江、北京、天津、河北、山西、辽宁、湖北、宁夏、青海，这些地区边际效用弹性基本都位于 0.6 以上。广西、甘肃、重庆、四川等地区消费的边际效用弹性相对较低，大多 2011 年达到 0.5 的水平。然而，其他地区如吉林、湖南、海南等消费的边际效用弹性基本都位于 0.5 以下的水平。总之，全国

各地区消费的边际效用弹性具有一定的异质性特征，多半地区消费的边际效用弹性较低，上升的空间很大。这说明，大部分地区居民在 2011—2019 年现时的消费效用较低，居民主要选择储蓄用于未来消费。

表 6-6　2011—2019 年各地区 θ

年份 地区	2011	2012	2013	2014	2015	2016	2017	2018	2019
北京	0.605	0.601	0.594	0.629	0.630	0.634	0.645	0.650	0.642
天津	0.627	0.622	0.630	0.652	0.664	0.653	0.663	0.663	0.656
河北	0.825	0.820	0.848	0.888	0.900	0.909	0.929	0.934	0.930
山西	0.730	0.778	0.783	0.824	0.828	0.836	0.846	0.843	0.836
内蒙古	0.460	0.475	0.646	0.896	0.950	0.955	1.029	1.044	1.055
辽宁	0.688	0.696	0.756	0.806	0.807	0.821	0.824	0.824	0.825
吉林	0.301	0.300	0.304	0.307	0.307	0.308	0.308	0.309	0.308
黑龙江	0.797	0.753	0.796	0.907	0.918	0.915	0.934	0.921	0.929
上海	0.663	0.673	0.693	0.790	0.816	0.852	0.847	0.758	0.779
江苏	0.750	0.769	0.789	0.875	0.870	0.909	0.919	0.967	0.967
浙江	0.768	0.778	0.807	0.878	0.894	0.880	0.896	0.909	0.904
安徽	0.319	0.321	0.321	0.326	0.326	0.328	0.328	0.329	0.329
福建	0.406	0.407	0.423	0.425	0.426	0.427	0.428	0.431	0.431
江西	0.404	0.407	0.410	0.423	0.424	0.426	0.429	0.434	0.436
山东	0.414	0.417	0.416	0.423	0.424	0.426	0.428	0.429	0.430
河南	0.176	0.177	0.177	0.178	0.178	0.178	0.179	0.179	0.179
湖北	0.717	0.737	0.748	0.825	0.843	0.843	0.864	0.870	0.885
湖南	0.126	0.126	0.127	0.127	0.128	0.128	0.128	0.128	0.128
广东	0.237	0.237	0.237	0.243	0.243	0.243	0.243	0.245	0.245
广西	0.517	0.522	0.534	0.548	0.554	0.558	0.569	0.578	0.574
海南	0.109	0.109	0.110	0.110	0.110	0.110	0.111	0.111	0.111
重庆	0.523	0.536	0.538	0.555	0.558	0.564	0.576	0.584	0.584
四川	0.578	0.565	0.702	0.709	0.721	0.741	0.759	0.787	0.809
贵州	0.414	0.421	0.425	0.440	0.447	0.456	0.457	0.462	0.465

续表

地区 \ 年份	2011	2012	2013	2014	2015	2016	2017	2018	2019
云南	0.328	0.330	0.332	0.343	0.342	0.344	0.347	0.351	0.348
陕西	0.357	0.357	0.354	0.358	0.360	0.361	0.362	0.363	0.362
甘肃	0.518	0.529	0.552	0.550	0.558	0.565	0.569	0.572	0.574
青海	0.632	0.654	0.681	0.674	0.688	0.692	0.689	0.691	0.689
宁夏	0.650	0.664	0.671	0.705	0.711	0.730	0.739	0.724	0.723
新疆	0.592	0.592	0.604	0.601	0.603	0.616	0.622	0.625	0.631

基于地区资料所得到的全国各地区社会边际时间偏好率如表6-7所示。总体上,大部分地区社会边际时间偏好率在2011—2019年总体上趋于下降。下降的特征于2011—2015年较为明显,2016年后则具有波动性下降的趋势特征。这反映了我国的消费利率总体趋于下降,消费的潜力尚未完全发掘的现实特点。

表6-7 2011—2019年各地区数据社会边际时间偏好率

地区 \ 年份	2011	2012	2013	2014	2015	2016	2017	2018	2019
北京	0.016	0.045	0.047	0.051	0.065	0.059	0.053	0.060	0.058
天津	0.129	0.116	0.069	0.067	0.058	0.025	0.024	0.044	0.014
河北	0.225	0.106	0.107	0.061	0.083	0.075	0.081	0.087	0.027
山西	0.152	0.135	0.070	0.061	0.073	0.047	0.081	0.056	0.054
内蒙古	0.128	0.072	0.069	0.129	0.079	0.066	0.046	0.101	0.098
辽宁	0.152	0.106	0.089	0.070	0.105	0.076	0.058	0.049	0.027
吉林	0.092	0.033	0.030	0.028	0.031	0.030	0.023	0.024	0.018
黑龙江	0.190	0.056	0.077	0.088	0.120	0.113	0.086	0.094	0.093
上海	0.145	0.047	0.101	0.076	0.051	0.056	0.093	0.100	0.093
江苏	0.193	0.129	0.085	0.104	0.111	0.082	0.063	0.074	0.043
浙江	0.162	0.074	0.112	0.115	0.075	0.043	0.085	0.081	0.014

续表

年份 地区	2011	2012	2013	2014	2015	2016	2017	2018	2019
安徽	0.071	0.018	0.041	0.033	0.054	0.032	0.054	0.052	0.017
福建	0.077	0.048	0.051	0.059	0.040	0.042	0.035	0.045	0.008
江西	0.114	0.061	0.051	0.048	0.038	0.041	0.050	0.070	0.044
山东	0.100	0.072	0.072	0.042	0.044	0.044	0.046	0.047	0.020
河南	0.044	0.026	0.032	0.030	0.023	0.020	0.030	0.027	0.017
湖北	0.141	0.113	0.085	0.068	0.103	0.061	0.179	0.093	0.051
湖南	0.030	0.021	0.026	0.020	0.019	0.018	0.020	0.020	0.016
广东	0.065	0.023	0.034	0.038	0.033	0.020	0.045	0.029	0.007
广西	0.118	0.056	0.063	0.098	0.062	0.079	0.077	0.084	0.025
海南	0.044	0.019	0.017	0.019	0.016	0.014	0.022	0.021	0.013
重庆	0.145	0.102	0.085	0.071	0.071	0.063	0.062	0.063	0.053
四川	0.145	0.102	0.096	0.087	0.080	0.095	0.095	0.089	0.059
贵州	0.105	0.053	0.062	0.066	0.067	0.053	0.055	0.060	0.034
云南	0.097	0.054	0.056	0.037	0.032	0.039	0.054	0.050	0.034
陕西	0.077	0.070	0.048	0.046	0.037	0.037	0.036	0.037	0.021
甘肃	0.147	0.074	0.054	0.028	0.060	0.047	0.080	0.046	0.020
青海	0.180	0.144	0.072	0.071	0.059	0.057	0.037	0.072	0.054
宁夏	0.141	0.102	0.098	0.036	0.066	0.072	0.065	0.051	0.022
新疆	0.137	0.100	0.027	0.038	0.050	0.037	0.055	0.064	0.033

二、全国及各地区资本的边际社会机会成本的测算

上文介绍了国外关于资本的边际社会机会成本的测算方法，它近似于私有投资的最大税前利率。然而，考虑到我国金融体系并不完善，因此，本章基于中国现实的情形，着重运用影子价格估计的数学思想，对资本的边际社会机会成本进行测算。设动态生产函数为：

$$Y_t = A_t K_t^{\beta_1} L_t^{\beta_2} \qquad (6-14)$$

其中，$\beta_1 + \beta_2 = 1$，即规模报酬不变。Y_t 表示总产出，A_t 表示技术投入，K_t 表示资本投入，L_t 表示劳动力投入。对式（6-14）进一步求导得到：

$$\ln(Y_t/L_t) = \beta_0 + \beta_1 \ln A_t (K_t/L_t) + \varepsilon_t \qquad (6-15)$$

则资本的边际社会机会成本法可以表示为：

$$soc_t = \frac{\partial Y_t}{\partial K_t} = \beta_1 \cdot TE \cdot \left(\frac{Y_t}{K_t}\right) \qquad (6-16)$$

其中，TE 表示技术效率水平。对于技术效率水平的测算，本章采用随机前沿法（SFA）进行估计。技术效率的测算公式如下：

$$\ln Y_t = \beta_0 + \beta_1 \ln K_t + \beta_2 \ln L_t + 1/2\beta_3({}^1 nK_t)2 + 1/2\beta_4({}^1 nL_t)2$$
$$+ \beta_5 \ln K_t \times \ln L_t + v_t - u_t$$

$$(6-17)$$

$$\varepsilon_{it} = v_t - u_t \qquad (6-18)$$

$$TE_t = \exp(-u_t) \qquad (6-19)$$

式中，Y_t 表示劳动力投入变量；K_t 表示资本投入变量；t 表示时间；β_0 为截距项，$\beta_1, \beta_2, \cdots, \beta_5$ 为待估参数。误差项 ε_t 由两部分组成，第一部分 $v_t \in iid$ 并服从 $N(0, \sigma_v^2)$，第二部分 $u_t \in iid$ 并服从截尾正态分布 $N(m_t, \sigma_u^2)$，反映那些在第 t 年的随机因素。v_t 和 u_t 之间是相互独立的。

测算数据源于《中国统计年鉴》和 Wind 信息数据库。产出用实际 GDP 表示，即用名义 GDP 进行价格缩减。劳动力投入用历年的年末就业总人员表示。技术水准（TE），采用随机前沿法进行估计。由于重庆在成立直辖市之前并没有相关资料，而四川省在重庆成立直辖市前后的统计口径也是不同的，因此，本章将其纳入四川省进行统一考核。其中,关于资本存量需要进行估算,借鉴戈登史密斯(Gold Smith)在1951年开创的永续盘存法进行估算:

$$K_{it} = (1 - \delta)K_{it-1} + I_{it} \tag{6-20}$$

在估算资本存量中,需要界定四个变量:(1)基期资本存量的确定;(2)折旧率的选择;(3)投资价格指数的选取;(4)当期投资的选取。本章以1978年为基期,采用单豪杰(2008)的估算;折旧率按照杨格(Young,2000)最终选取6%的折旧率;各省投资价格指数采用《中国统计年鉴》中的各省固定资本投资平减指数;当期投资采用各省当年的固定资本形成总额。

表6-8　2010—2018年全国资本的边际社会机会成本估计值

年份	2010	2011	2012	2013	2014	2015	2016	2017	2018
数值	0.063	0.061	0.058	0.049	0.047	0.045	0.044	0.432	0.426

表6-8估计了全国2010—2018年资本的边际社会机会成本。可以看出2010年后呈下降趋势。说明我国的投资收益率在2010—2018年处于边际递减的态势。

表6-9列示了各地区2010—2018年的资本的边际社会机会成本法估计值。可以看出,各地区资本的边际社会机会成本的差异性也较为显著。其中,平均水平最高的有湖南、黑龙江、福建、四川、安徽、辽宁、天津、山西、上海、浙江、山东、湖北、广东、贵州等。表明以上地区投资收益率相对较高。而其他地区要么因为产能饱和要么因为投资率较低导致资本的边际社会机会成本低下。从各地区资本的边际社会机会成本的变化趋势来看,全国大部分地区的资本的边际社会机会成本值呈下降趋势。造成大部分地区资本

的边际社会机会成本下降的原因主要是资本产出比的下降。而各地区技术效率虽然有一定的提升,然而这并不能消除资本产出比下降对资本的边际社会机会成本的影响。

表 6-9　2010—2018 年各地区资本的边际社会机会成本

地区＼年份	2010	2011	2012	2013	2014	2015	2016	2017	2018
北京	0.045	0.045	0.043	0.042	0.041	0.040	0.039	0.038	0.037
天津	0.077	0.073	0.069	0.060	0.058	0.057	0.058	0.057	0.056
河北	0.06	0.057	0.054	0.049	0.047	0.046	0.046	0.045	0.045
山西	0.065	0.062	0.059	0.052	0.050	0.048	0.047	0.049	0.050
内蒙古	0.033	0.031	0.029	0.028	0.027	0.027	0.027	0.027	0.028
辽宁	0.081	0.077	0.073	0.064	0.062	0.062	0.061	0.062	0.064
吉林	0.049	0.048	0.046	0.041	0.039	0.038	0.038	0.038	0.038
黑龙江	0.103	0.101	0.095	0.082	0.079	0.077	0.076	0.076	0.075
上海	0.071	0.072	0.072	0.067	0.067	0.066	0.064	0.064	0.063
江苏	0.055	0.053	0.052	0.050	0.049	0.049	0.048	0.048	0.047
浙江	0.076	0.074	0.072	0.064	0.064	0.063	0.062	0.062	0.061
安徽	0.079	0.077	0.074	0.066	0.064	0.063	0.062	0.061	0.060
福建	0.102	0.098	0.094	0.081	0.079	0.077	0.076	0.075	0.074
江西	0.042	0.041	0.04	0.040	0.040	0.039	0.038	0.037	0.037
山东	0.068	0.066	0.064	0.058	0.057	0.056	0.055	0.055	0.055
河南	0.054	0.051	0.047	0.043	0.041	0.040	0.039	0.039	0.038
湖北	0.075	0.072	0.069	0.061	0.059	0.058	0.056	0.055	0.054
湖南	0.109	0.104	0.099	0.084	0.082	0.081	0.080	0.080	0.080
广东	0.073	0.07	0.067	0.063	0.061	0.059	0.057	0.056	0.054
广西	0.057	0.05	0.046	0.041	0.041	0.040	0.039	0.040	0.041
海南	0.12	0.115	0.104	0.087	0.084	0.082	0.081	0.080	0.079
四川	0.103	0.102	0.1	0.085	0.084	0.084	0.083	0.083	0.081
贵州	0.069	0.068	0.064	0.059	0.058	0.057	0.056	0.055	0.055
云南	0.059	0.055	0.051	0.046	0.044	0.042	0.040	0.039	0.038

地区 ＼ 年份	2010	2011	2012	2013	2014	2015	2016	2017	2018
西藏	0.051	0.05	0.048	0.044	0.041	0.039	0.037	0.036	0.035
陕西	0.06	0.057	0.055	0.048	0.047	0.046	0.046	0.045	0.045
甘肃	0.058	0.056	0.055	0.051	0.049	0.047	0.045	0.045	0.045
青海	0.033	0.031	0.028	0.026	0.024	0.022	0.020	0.020	0.019
宁夏	0.037	0.035	0.034	0.030	0.028	0.026	0.025	0.025	0.024
新疆	0.047	0.046	0.043	0.039	0.037	0.035	0.034	0.032	0.031

三、全国及各地区加权平均值的测算

加权平均法的关键是确定 α 的大小。它实际上反映了一个国家或地区投资或消费的相对关系。谭运嘉等（2009）提出了关于 α 的估算方式，本章借鉴其方法对加权平均进行估算。对 α 的推导公式为：

$$C_t = \beta_0 + \beta_1 Y_t^{\ *} + \varepsilon_t \qquad (6-21)$$

其中，$Y_t^{\ *}$ 表示期望产出水平，C_t 表示消费。$Y_t^{\ *}$ 的期望表示方式为：

$$Y_t^{\ *} = \zeta Y_t + (1 - \zeta) Y_{t-1} \qquad (6-22)$$

进一步推导可以得到：

$$C_t = \lambda_0 + \lambda_1 Y_t + \lambda_2 C_{t-1} + \mu_t \qquad (6-23)$$

可以得到 α 的计算公式：

$$\lambda_1 = \alpha = \beta\zeta , \ \lambda_2 = 1 - \zeta \qquad (6-24)$$

测算数据源于《中国统计年鉴》和 Wind 信息数据库。由于西藏地区的资料不全，本章将其剔除。在 α 估计的基础上，可以得到全国和各地区的加权平均值。

表 6-10   2010—2018 年全国加权平均估计值

年份	2010	2011	2012	2013	2014	2015	2016	2017	2018
数值	0.063	0.060	0.057	0.049	0.047	0.045	0.044	0.428	0.422

　　表 6-10 所示的全国 2010—2018 年加权平均值呈依次递减的变动趋势。2012 年之后加权平均值降到 6% 以下。历年所得估值基本上位于 4%—6% 之间。

表 6-11   2010—2018 年各地区加权平均估计值

地区 \ 年份	2010	2011	2012	2013	2014	2015	2016	2017	2018
北京	0.032	0.045	0.043	0.042	0.041	0.040	0.039	0.038	0.037
天津	0.076	0.073	0.069	0.060	0.058	0.057	0.058	0.057	0.056
河北	0.066	0.057	0.054	0.049	0.047	0.046	0.046	0.045	0.045
山西	0.08	0.062	0.059	0.052	0.050	0.048	0.047	0.049	0.050
内蒙古	0.05	0.031	0.029	0.028	0.027	0.027	0.027	0.027	0.028
辽宁	0.08	0.077	0.073	0.064	0.062	0.062	0.061	0.062	0.064
吉林	0.056	0.048	0.046	0.041	0.039	0.038	0.038	0.038	0.038
黑龙江	0.152	0.101	0.095	0.082	0.079	0.077	0.076	0.076	0.075
上海	0.08	0.072	0.072	0.067	0.067	0.066	0.064	0.064	0.063
江苏	0.065	0.053	0.052	0.050	0.049	0.049	0.048	0.048	0.047
浙江	0.104	0.074	0.072	0.064	0.064	0.063	0.062	0.062	0.061
安徽	0.073	0.077	0.074	0.066	0.064	0.063	0.062	0.061	0.060
福建	0.081	0.098	0.094	0.081	0.079	0.077	0.076	0.075	0.074
江西	0.102	0.041	0.040	0.040	0.040	0.039	0.038	0.037	0.037
山东	0.072	0.066	0.064	0.058	0.057	0.056	0.055	0.055	0.055
河南	0.051	0.051	0.047	0.043	0.041	0.040	0.039	0.039	0.038
湖北	0.084	0.072	0.069	0.061	0.059	0.058	0.056	0.055	0.054
湖南	0.095	0.104	0.099	0.084	0.082	0.081	0.080	0.080	0.080

续表

地区 ＼ 年份	2010	2011	2012	2013	2014	2015	2016	2017	2018
广东	0.067	0.070	0.067	0.063	0.061	0.059	0.057	0.056	0.054
广西	0.081	0.050	0.046	0.041	0.041	0.040	0.039	0.040	0.041
海南	0.08	0.115	0.104	0.087	0.084	0.082	0.081	0.080	0.079
四川	0.11	0.102	0.100	0.085	0.084	0.084	0.083	0.083	0.081
贵州	0.088	0.068	0.064	0.059	0.058	0.057	0.056	0.055	0.055
云南	0.102	0.055	0.051	0.046	0.044	0.042	0.040	0.039	0.038
陕西	0.076	0.057	0.055	0.048	0.047	0.046	0.046	0.045	0.045
甘肃	0.154	0.056	0.055	0.051	0.049	0.047	0.045	0.045	0.045
青海	0.089	0.031	0.028	0.026	0.024	0.022	0.020	0.020	0.019
宁夏	0.095	0.035	0.034	0.030	0.028	0.026	0.025	0.025	0.024
新疆	0.046	0.046	0.043	0.039	0.037	0.035	0.034	0.032	0.031

表6-11的估计结果表明,各地区加权平均值也具有差异性。加权平均值平均水平表现较高的地区有湖南、四川、黑龙江、辽宁、天津、山西、浙江、湖北、江西、海南、上海、山东、河北、河南、广西、江苏、吉林等。

第四节　基于社会折现率的土地租金价格估算

按照本书论理论的分析,在完全竞争市场下,每年的土地资源租金的边际价格应等于土地资源的边际机会成本。而土地资源机会成本的存在意味着土地用途的多种需求及选择。然而,现行土地市场并不完善,因此,只能近似地模拟。现行的土地市场交易是在政府主导下进行的,首先,政府进行征地,因此有一个征地价格。其次,政府将征用来的土地以招、拍、挂等方式出让,政府获得出让收入,因此有一个土地出让价格。再次,房地产企业等产权主体在取得土地使用权后进行土地市场交易,因此有一个产权主体的市场交易价。前两个土地价格都是政府主导下的土地资源租金价格,而后者则是在此基础上的产权主体的土地交易价格。土地出让价和土地市场交易价都可以部分或完全反映土地的级差收益,而土地市场价较前者更能反映土地市场供需的实际情况。譬如根据土地级差性,土地市场价也存在级差性,现行商业用地的价格要高于工业用地和住宅用地就是一个典型例子。显然,只有产权交易主体的市场交易价格较为反映市场规律。因此,本章从理论上以各地区土地市场交易价格为基期对土地资源租金价格进行简单的仿真分析。

在本书理论模型分析中,指出土地资源租金价格应反映当期和未来土地价值,因此,在基期土地价格的基础上,重点纳入社会折现率,对土地租金的价格进行仿真测算分析。分析土地租金长期利率的理论逻辑在上文中已经提到。现再举个简单的例子来说明,如果土地当期价格为 100 元,那么这 100 元土地资本由于存在折现利率,每期都会得到一定的利息,而这部分利息属于土地租金利息,它是构成土地价格的关键部分。以本章测算的社会折现率作为土地资本的折现率。在基期价格及土地资本折现率确定的基础上,土地资源租金价格的大小关键取决于时间的长短,时间越长,土地资源租金价格也就越大。由于数据量过大,本章仅列出折现一年期的土地资源租金价格作为参考。土地租金价格的评估结果如表 6-12、表 6-13 和表 6-14 所示。

表 6-12　2015—2018 年基于社会边际时间偏好率法
测算的土地资源租金价格（折现一年期）　（单位:元/亩）

地区 \ 年份	2015	2016	2017	2018
北京	37281901	50534612	29070070	66306314
天津	12933408	8306861	22949188	35090923
河北	3872334	2603622	2600239	2941646
山西	2705659	3364982	5078829	8045365
内蒙古	1992854	2403762	1683295	2402064
辽宁	2372063	2828695	4204014	8210902
吉林	1302328	1369427	1217784	2170907
黑龙江	2747535	3832900	2573092	4729433
上海	26719185	37127542	61747942	93639231
江苏	6583572	7620867	8485010	11108293
浙江	17768249	14058492	10786845	13331650
安徽	2497896	1997438	2084571	4008413
福建	7039690	7931639	10572034	10657297
江西	2683669	3143853	2723484	5797384
山东	4031535	3116726	3201543	3941633
河南	2599802	4182401	6436803	7647886
湖北	6703037	6217083	10977902	9238151
湖南	1920685	2617726	2491164	2670267
广东	7970474	8717871	10967111	17138151
广西	4801307	4488095	4659625	8090343
海南	9260731	10269360	12199168	12314090
重庆	3220740	4156526	4519355	8344531
四川	5742210	4656609	7181214	6815259
贵州	1398530	1816220	1725039	3618622
云南	2691711	4020140	2587518	8565095
西藏	80752.76	4655918	1265919	2407733
陕西	3580146	3476812	4431906	6409420
甘肃	1588883	3017024	5348743	7659625
青海	7443260	19228855	5227664	6134406

续表

地区 \ 年份	2015	2016	2017	2018
宁夏	1657455	2722802	2652984	3912837
新疆	779856.9	929538	1545457	2741403

表6-13　2015—2018年基于资本的边际社会机会成本法

测算的土地资源租金价格（折现一年期）　　（单位：元/亩）

地区 \ 年份	2015	2016	2017	2018
北京	36441745	49627948	28683573	64930145
天津	12933408	8566197	23711172	35527879
河北	3743614	2533385	2516050	2827986
山西	2647663	3368195	4919088	7992034
内蒙古	1896813	2315819	1652719	2240617
辽宁	2279757	2791890	4215934	8312657
吉林	1312433	1380063	1235640	2200587
黑龙江	2646955	3708924	2549399	4651618
上海	27125947	37479129	60109616	90574674
江苏	6216172	7388437	8365277	10839377
浙江	17586434	14328070	10558184	13097329
安徽	2521595	2057439	2100393	4042706
福建	7303678	8198057	10990830	10963248
江西	2688839	3137813	2692359	5618586
山东	4081736	3152551	3229090	3971750
河南	2645546	4264409	6493047	7737248
湖北	6435645	6199504	9832625	8916971
湖南	2039432	2779727	2637703	2827342
广东	8186518	9051201	11093049	17587840
广西	4706366	4325875	4495219	7761953
海南	9880543	10958035	12903425	13025678
重庆	3259834	4238640	4608721	8501531

年份 地区	2015	2016	2017	2018
四川	5625239	4495010	6925445	6602477
贵州	1368383	1797247	1700513	3546933
云南	2715185	4020140	2545783	8450894
西藏	81531.47	4696327	1278138	2426307
陕西	3542993	3476812	4288280	6403292
甘肃	1536370	2917123	5261059	7288076
青海	7177928	18403737	5031320	5982651
宁夏	1636934	2717550	2600176	3795158
新疆	779856.9	929538	1545457	2741403

表 6-14　2015—2018 年基于加权平均法测算的土地资源租金价格(折现一年期)

(单位:元/亩)

年份 地区	2015	2016	2017	2018
北京	36406739	49580229	28655966	64867592
天津	12921184	8574301	23688761	35494267
河北	3740038	2533385	2513644	2827986
山西	2642619	3364982	4928484	7999653
内蒙古	1896813	2315819	1652719	2242799
辽宁	2279757	2789261	4219908	8328312
吉林	1311170	1380063	1235640	2200587
黑龙江	2642049	3705481	2549399	4647295
上海	27100524	37408811	60109616	90489548
江苏	6216172	7381394	8365277	10829034
浙江	17569906	14314591	10558184	13084996
安徽	2519225	2055503	2098416	4038896
福建	7290141	8190445	10980615	10953050
江西	2686254	3134793	2689765	5618586
山东	4077874	3149566	3229090	3971750

续表

地区＼年份	2015	2016	2017	2018
河南	2643005	4260309	6493047	7729801
湖北	6429568	6187785	9823314	8908519
湖南	2037547	2777156	2637703	2827342
广东	8171086	9034108	11082554	17554530
广西	4701845	4321715	4499545	7769416
海南	9862314	10947907	12891488	13013617
重庆	3259834	4234730	4608721	8485831
四川	5619922	4490757	6918887	6602477
贵州	1365762	1793797	1698878	3543519
云南	2728226	4047224	2565423	8524309
西藏	81531.47	4691837	1276916	2426307
陕西	3451801	3387153	4185689	6243976
甘肃	1539371	2925686	5286849	7316657
青海	7226805	18547235	5065680	6017671
宁夏	1578529	2625653	2514677	3677479
新疆	779856.9	929538	1545457	2741403

综上,本章进一步对土地折现率问题进行了方法梳理和实证研究:借鉴西方主流的社会折现率的测算方法,对全国及各地区的社会折现率进行了测算,为土地资本利率的衡量提供了方法参考。虽然,国内多运用收益还原法对土地价格进行研究,然而关于土地资本利率问题却缺乏一个统一的理论及方法参考。本章给出了纳入社会折现率评估土地租金价格的理论逻辑,并在社会折现率估算的基础上,进一步对土地资源租金价格进行了模拟评估。

参 考 文 献

[1]《马克思恩格斯全集》,人民出版社 1974 年版。

[2]边学芳、吴群、曲福田:《基于边际机会成本理论的农地价格矫正研究——以江都市为例》,《中国人口·资源与环境》2006 年第 16 卷第 6 期。

[3]蔡继明:《论垄断足够价格——关于地租理论和生产价格的变形问题》,《经济研究》1991 年第 3 期。

[4]蔡银莺、张安录:《基于农户受偿意愿的农田生态补偿额度测算——以武汉市的调查为实证》,《自然资源学报》2011 年第 26 卷第 2 期。

[5]蔡银莺、张安录:《武汉市农地非市场价值评估》,《生态学报》2007 年第 27 卷第 2 期。

[6]蔡银莺、张安录:《武汉市农地资源非市场价值研究》,《资源科学》2006 年第 28 卷第 6 期。

[7]蔡运龙、霍雅勤:《中国耕地价值重建方法与案例研究》,《地理学报》2006 年第 61 卷第 10 期。

[8]陈春节、佟仁城:《征地补偿价格量化研究——以北京市为例》,《中国土地科学》2013 年第 27 卷第 1 期。

[9]陈其人:《关于绝对地租理论的几个问题——兼与杨学成同志商榷》,《当代经济研究》2001 年第 4 期。

[10]陈泉生:《论土地征用之补偿》,《法律科学(西北政法大学学报)》1994 年第 5 期。

[11]陈莹、谭术魁、张安录:《公益性、非公益性土地征收补偿的差异性研究——基于湖北省 4 市 54 村 543 户农户问卷和 83 个征收案例的实证》,《管理世界》2009 年第 10 期。

［12］陈征：《社会主义城市级差地租》，《中国社会科学》1995 年第 1 期。

［13］陈志刚、周建春、黄贤金：《产权价值区域征收农地价格评估模型及应用》，《农业工程学报》2008 年第 12 期。

［14］程文仕、曹春、杜自强等：《基于市场决定理念下的征地补偿标准确定方法研究：以甘肃省张掖市城市规划区为例》，《中国土地科学》2009 年第 23 卷第 9 期。

［15］戴其文：《广西猫儿山自然保护区生态补偿标准与补偿方式探析》，《生态学报》2014 年第 34 卷第 17 期。

［16］单胜道：《农地资源价格研究》，《国土与自然资源研究》2002 年第 4 期。

［17］邓大才：《产权单位与治理单位的关联性研究——基于中国农村治理的逻辑》，《中国社会科学》2015 年第 7 期。

［18］范辉：《基于耕地资源价值的征地完全补偿问题探析》，《农村经济》2008 年第 5 期。

［19］高延娜、朱道林：《基于特征价格模型的农村土地征收价格影响因素研究》，《武汉大学学报（信息科学版）》2008 年第 11 期。

［20］高映轸：《论城市土地的有偿使用》，《中国社会科学》1987 年第 5 期。

［21］韩洪云、喻永红：《退耕还林生态补偿研究——成本基础、接受意愿抑或生态价值标准》，《农业经济问题》2014 年第 4 期。

［22］郝晋珉、任浩：《土地征用制度中农民权益损害的分析》，《公共管理学报》2004 年第 1 卷第 2 期。

［23］洪银兴、葛扬：《马克思地租、地价理论研究》，《当代经济研究》2005 年第 8 期。

［24］胡喜生、洪伟、吴承祯：《基于生态系统服务价值的土地转移机会成本核算——以福州市为例》，《贵州大学学报（自然科学版）》2012 年第 29 卷第 1 期。

［25］胡援成：《地价模型初探》，《数量经济技术经济研究》1990 年第 6 期。

［26］靳相木、陈箫：《土地征收"公正补偿"内涵及其实现——基于域外经验与本土观的比较》，《农业经济问题》2014 年第 2 期。

［27］孔敏、贾克诚：《关于我国目前农业中的级差地租问题——与余霖同志商榷》，《经济研究》1964 年第 7 期。

［28］匡禾生：《社会主义农业级差地租的作用》，《经济研究》1983 年第 6 期。

［29］李繁荣：《我国征地过程中的土地收益分配制度分析》，《山西财经大学学报（高等教育版）》2006 年第 9 卷第 2 期。

［30］李慧中：《也谈绝对地租和垄断价格——与卫兴华同志商榷》，《经济研究》1983 年第 9 期。

［31］李晓光、苗鸿、郑华等：《机会成本法在确定生态补偿标准中的应用——以海南中部山区为例》，《生态学报》2009 年第 29 卷第 9 期。

[32]刘爱军:《征地补偿:制度困境与路径选择》,《理论与改革》2010年第2期。

[33]刘慧芳:《论我国农地地价的构成与量化》,《中国土地科学》2000年第14卷第3期。

[34]刘向民:《中美征收制度重要问题之比较》,《中国法学》2007年第6期。

[35]刘亚玲:《按照市场经济办法确定征地补偿标准按照市场经济办法确定征地补偿标准》,《经济学家》2005年第3期。

[36]刘占昌:《绝对地租的一般来源是垄断价格吗? ——与李慧中同志商榷》,《经济研究》1984年第7期。

[37]罗必良:《农地产权模糊化:一个概念性框架及其解释》,《学术研究》2011年第12期。

[38]马爱慧、蔡银莺、张安录:《基于土地优化配置模型的耕地态补偿框架》,《中国人口·资源与环境》2010年第20卷第10期。

[39]马爱慧、张安录:《跨区域土地生态补偿——以"两型社会"实验区为例》,《国土资源科技管理》2010年第27卷第1期。

[40]马爱慧、张安录:《两型社会建设跨区域土地生态补偿》,《广东土地科学》2009年第8卷第5期。

[41]马克思:《资本论》第3卷,人民出版社1975年版。

[42]潘勇:《马克思的地租理论与自然资源的价格计量》,《经济研究》1991年第5期。

[43]钱建平、周勇等:《基于灰色理论的收入还原法在农用地估价中的应用》,《农业工程学报》2004年第6期。

[44]钱文荣、李宝值:《初衷达成度、公平感知度对农民工留城意愿的影响及其代际差异——基于长江三角洲16城市的调研数据》,《管理世界》2013年第9期。

[45]秦艳红、康慕谊:《退耕还林(草)的生态补偿机制完善研究——以西部黄土高原地区为例》,《中国人口·资源与环境》2006年第16卷第4期。

[46]曲福田:《资源经济学》,中国农业出版社2001年版。

[47]任浩、郝晋珉:《剪刀差对农地价格的影响》,《中国土地科学》2003年第3期。

[48]沈民鸣:《论最差土地的级差地租和土地价格问题》,《当代经济研究》2009年第6期。

[49]世界银行:《从贫困地区到贫困人群:中国扶贫议程的演进中国贫困和不平等问题评估》,华盛顿世界银行,2009年。

[50]谭秋成:《丹江口库区化肥施用控制与农田生态补偿标准》,《中国人口·资源与环境》2012年第22卷第3期。

[51]谭秋成:《关于生态补偿标准和机制》,《中国人口·资源与环境》2009年第

19 卷第 6 期。

　　[52]谭荣、曲福田、吴丽梅：《我国农地征用的经济学分析：一个理论模型》，《广东土地科学》2005 年第 4 卷第 2 期。

　　[53]汪丁丁：《从"交易费用"到博弈均衡》，《经济研究》1995 年第 9 期。

　　[54]汪涛、粟联：《关于社会主义级差地租产生原因的探讨》，《经济研究》1962 年第 3 期。

　　[55]王利敏、欧名豪：《基于委托代理理论的农户耕地保护补偿标准分析》，《中国人口·资源与环境》2011 年第 2 期。

　　[56]王瑞雪、赵学涛、张安录：《农地非市场价值条件评估法及其应用》，《资源科学》2005 年第 27 卷第 3 期。

　　[57]王仕菊、黄贤金、陈志刚、谭丹、王广洪：《基于耕地价值的征地补偿标准》，《中国土地科学》2008 年第 22 卷第 11 期。

　　[58]王万茂、黄贤金：《中国大陆农地价格区划和农用地估价》，《自然资源》1997 年第 4 期。

　　[59]王勇、付时鸣：《农地征用补偿的实物期权分析》，《改革》2005 年第 9 期。

　　[60]卫兴华：《绝对地租与垄断价格——兼评对〈资本论〉中有关论述的误解》，《经济研究》1982 年第 5 期。

　　[61]魏玲、望晓东：《耕地生态服务价值认知与支付意愿调查分析——以武汉市为例》，《农业经济》2014 年第 1 期。

　　[62]毋晓蕾、汪应宏、陈常优：《耕地保护经济补偿标准测度研究——以河南省为例》，《经济经纬》2014 年第 31 卷第 6 期。

　　[63]夏刚、任宏、陈磊：《基于实物期权定价的农地征收补偿模型研究》，《中国土地科学》2008 年第 6 期。

　　[64]夏永祥：《论宏观级差地租》，《管理世界》1993 年第 6 期。

　　[65]肖屹、曲福田、钱忠好等：《土地征用中农民土地权益受损程度研究——以江苏省为例》，《农业经济问题》2008 年第 3 期。

　　[66]雪青、夏妮妮、袁汝华、刘炳胜、陈杨杨：《公益性项目征地补偿依据及其测算标准研究——以苏州市为例》，《资源科学》2014 年第 36 卷第 2 期。

　　[67]杨国力、孔荣、杨文杰：《农地承包经营权转让意愿价格：一个供求均衡——陕西省三县（区）721 户农户调查》，《农村经济》2014 年第 2 期。

　　[68]杨继瑞：《地价上涨机制探析》，《经济研究》1994 年第 5 期。

　　[69]杨继瑞：《绝对地租产生原因、来源与价值构成实体的探讨》，《当代经济研究》2011 年第 2 期。

　　[70]杨学成：《绝对地租来源与形成新解》，《当代经济研究》1996 年第 5 期。

　　[71]杨振、刘会敏、余斌：《土地非农化生态价值损失估算》，《中国人口·资源与

环境》2013 年第 23 卷第 10 期。

[72][英]约翰·穆勒:《政治经济学原理及其在社会哲学上的若干应用》,赵荣潜等译,商务印书馆 1991 年版。

[73]余亮亮、蔡银莺:《基于农户受偿意愿的农田生态补偿——以湖北省京山县为例》,《应用生态学报》2015 年第 26 卷第 1 期。

[74]余霖:《级差地租和我们的价格政策》,《经济研究》1964 年第 6 期。

[75]俞奉庆、蔡运龙:《耕地资源价值探讨》,《中国土地科学》2003 年第 17 卷第3 期。

[76]俞奉庆、蔡运龙:《耕地资源价值重建与农业补贴一种解决"三农"问题的政策取向》,《中国土地科学》2004 年第 18 卷第 1 期。

[77]喻永红:《退耕还林生态补偿标准研究综述》,《生态经济》2014 年第 7 期。

[78]臧俊梅、王万茂、陈茵茵:《农地发展权的价格涵义与价值分析》,《经济体制改革》2009 年第 5 期。

[79]张成玉:《农村土地流转中意愿价格问题研究——以河南省为例》,《农业技术经济》2013 年第 12 期。

[80]张健雄:《现代资本主义农业绝对地租的价值来源是什么?》,《中国社会科学》1983 年第 4 期。

[81]张效军、欧名豪、高艳梅:《耕地保护区域补偿机制之价值标准探讨》,《中国人口·资源与环境》2008 年第 5 期。

[82]章锦河、张捷、梁玥琳、李娜、刘泽华:《九寨沟旅游生态足迹与生态补偿分析》,《自然资源学报》2005 年第 20 卷第 5 期。

[83]章铮:《边际机会成本定价》,《自然资源学报》1996 年第 4 期。

[84]赵翠薇:《基于生态补偿的水库征地补偿研究——以黔中水利枢纽工程为例》,《西南师范大学学报(自然科学版)》2012 年第 37 卷第 3 期。

[85]中杰:《关于社会主义制度下级差地租问题的讨论》,《经济研究》1961 年第12 期。

[86]中杰:《近一年来我国经济学界关于社会主义级差地租问题的讨论》,《经济研究》1963 年第 4 期。

[87]周诚:《土地价值简论》,《中国土地科学》1996 年第 10 期。

[88]周立群、张红星:《从农地到市地:地租性质、来源及演变——城市地租的性质与定价的政治经济学思考》,《经济学家》2010 年第 12 期。

[89]周其仁:《农地征用垄断不经济》,《中国改革》2001 年第 12 期。

[90]朱剑农:《论绝对地租与农业资本有机构成高低之间的关系》,《中国社会科学》1982 年第 6 期。

[91]朱奎:《农业与非农业地租的动态均衡分析》,《上海财经大学学报》2006 年

第 8 卷第 6 期。

[92]朱仁友:《中国农地估价中运用收益还原法存在的问题与求解》,《中国农村观察》2000 年第 5 期。

[93]朱晓刚:《发展权视角下农地征收补偿研究》,《农业经济问题》2014 年第 7 期。

[94]诸培新、卜婷婷、吴正廷:《基于耕地综合价值的土地征收补偿标准研究》,《中国人口·资源与环境》2011 年第 21 卷第 9 期。

[95]诸培新、曲福田:《从资源环境经济学角度考察土地征用补偿价格构成》,《中国土地科学》2003 年第 17 卷第 3 期。

[96]邹秀清:《农地非农化:兼顾效率与公平的补偿标准——理论及其在中国的应用》,《经济评论》2006 年第 5 期。

[97]胡援成:《地价模型初探》,《数量经济技术经济研究》1990 年第 6 期。

[98]钱建平、周勇等:《基于灰色理论的收入还原法在农用地估价中的应用》,《农业工程学报》2004 年第 6 期。

[99]任浩、郝晋珉:《剪刀差对农地价格的影响》,《中国土地科学》2003 年第 3 期。

[100]谭运嘉、李大伟、王芬:《中国分区域社会折现率的理论、方法基础与测算》,《工业技术经济》2009 年第 28 卷第 5 期。

[101]杨继瑞:《地价上涨机制探析》,《经济研究》1994 年第 5 期。

[102]张振华:《基于收益现值法的农村土地流转价格研究》,《中央财经大学学报》2013 年第 12 期。

[103]朱仁友:《中国农地估价中运用收益还原法存在的问题与求解》,《中国农村观察》2000 年第 5 期。

[104]Alonso, A., Location and Land Use, Harvard University Press, 1964.

[105]Alston, J. M., "An Analysis of Growth of U. S. Farmland Prices, 1963 - 1982", American Journal of Agricultural Economics, Vol. 68, No. 1, 1986.

[106] Alston, L. J., Eggertsson, T., North, D. C., Empirical Studies in Institutional Change, Cambridge University Press, 1996.

[107] Anas, A., "Dynamics of Urban Residential Growth", Journal of Urban Economics, Vol. 5, No. 1, 1978.

[108] Arnott, R. J., "A Simple Urban Growth Model with Durable Housing", Regional Science and Urban Economics, Vol. 10, No. 1, 1980.

[109] Arrow, K. J., "The Analysis and Evaluation of Public Expenditure", the PPBS ystem, Vol. 1, No. 1, 1969, pp. 59-73, US Washington D. C.; Government Printing Office.

[110] Banks, J., Blundell, R., Lewbel, A., "Quadratic Engel Curves and Consumer

Demand", *Review of Economics and Statistics*, Vol. 79, No. 4, 1999.

[111] Barnard, C.H., Nehring, R., Ryan, J., et al., "Higher Cropland Value from Farm Program Payments: Who Gains?", *Agr. Outlook(USDA)*, 2001.

[112] Barsky, R. B., Kimball, M. S., Juster, F. T., et al., "Preference Parameters and Behavioral Heterogeneity: An Experimental Approach in the Health and Retirement Survey", NBER Working Paper No. 5213, National Bureau of Economic Research, Massachusetts, 1995.

[113] Barzel, Y., *Economic Analysis of Property Rights*, Cambridge University Press, 1997.

[114] Barzel, Y, "A Theory of Rationing by Waiting", *Journal of Law and Economics*, Vol. 17, No. 1, 1974.

[115] Baumol, W., "On the Social Rate of Discount", *American Economic Review*, Vol. 58, 1969.

[116] Benirschka, M., Binkley, J. K., "Land Price Volatility in a Geographically Dispersed Market", *American Journal of Agricultural Economics*, Vol. 76, No. 2, 1994.

[117] Blume, L., Rubinfeld, D. L., Shapiro, P., "The Taking of Land: When Should Compensation Be Paid?", *Quarterly Journal of Economics*, Vol. 99, No. 1, 1984, pp. 71−92.

[118] Blundell, R., "Consumer Behaviour: Theory and Empirical Evidence—A Survey", *Economic Journal*, Vol. 98, No. 389, 1988.

[119] Blundell, R., Browning, M., Meghir, C., "Consumer Demand and the Life-Cycle Allocation of Household Expenditures", *Review of Economic Studies*, Vol. 61, No. 1, 1994.

[120] Blundell, R., Pashardes, P., Weber, G., et al., "What do We Learn About Consumer Demand Patterns from Micro Data?" *American Economic Review*, Vol. 83, No. 3, 1993.

[121] Bradford, D., "Constraints on Government Investment Opportunities and the Choice of Discount Rate", *American Economic Review*, Vol. 65, No. 5, 1975.

[122] Burgess, D. F., "Complementarity and the Discount Rate for Public Investment", *The Quarterly Journal of Economics*, Vol. 103, No. 3, August 1988.

[123] Burt, O.R., "Econometric Modeling of the Capitalization Formula for Farmland Prices", *American Journal of Agricultural Economics*, Vol. 68, No. 1, 1986.

[124] Campbell, J. Y., Shiller, R. J., "Cointegration and Tests of Present Value Models", *Journal of Political Economy*, Vol. 95, No. 5, 1987.

[125] Canter, D., "Environmental Social Psychology: An Emerging Synthesis", In Canter, D., Jesuino, J. C., Sokza, L. & Stephenson, G. M. (eds.), Environmental Social Psychology, pp. 1−18, Kluwer University Press, 1988.

[126] Capozza, D. R., Helsley, R. W., "The Fundamentals of Land Prices and Urban Growth", *Journal of Urban Economics*, Vol. 26, No. 3, 1989.

[127] Capozza, D. R., Helsley, R. W., "The Stochastic City", *Journal of Urban Economics*, Vol. 28, No. 2, 1990.

[128] Casarosa, C., "A New Formulation of the Ricardian System", *Oxford Economic Papers*, Vol. 30, No. 1, March 1978.

[129] Castle, E. N., Hoch, I., "Farm Real Estate Price Components, 1920 – 1978", *American Journal of Agricultural Economics*, Vol. 64, No. 1, 1982.

[130] Chavas, J. P., Shumway, R., "A Pooled Time-Series Cross-Section Analysis of Land Prices", *Western Journal of Agricultural Economics*, Vol. 7, No. 1, 1982.

[131] Clark, J.S., Fulton, M., Scott, J.T.J., "The Inconsistency of Land Values, Land Rents, and Capitalization Formulas", *American Journal of Agricultural Economics*, Vol. 75, No. 1, 1993, pp.

[132] Coase, R.H., "The Nature of the Firm", *Economica*, Vol. 4, No. 16, 1937.

[133] Coase, R.H., "The Problem of Social Cost", *Journal of Law and Economics*, No. 3, 1960.

[134] Costanza, R., D'Arge, R., Groot, R. D., et al., "The Value of the World's Ecosystem Services and Natural Capital", *Nature*, Vol. 387, 1999.

[135] Cowell, F., Gardiner, K., "Welfare Weights", STICERD Research Paper No. 20, London School of Economics, London, 1999.

[136] Daily, G. C., "Introduction: What Are Ecosystem Services?", In: Daily, G. C. (ed.), Nature's Services, Island Press, Washington DC, 1997.

[137] Daily, G., *Nature's Services: Societal Dependence on Natural Ecosystems*, Island Press, 1999.

[138] De Groot, R. S., Wilson, M. A., Boumans, R. M. J., "A Typology for the Classification, Description and Valuation of Ecosystem Functions, Goods and Services", *Ecological Economics*, Vol. 41, No. 3, 2002.

[139] Diamond, P. A., Mirrlees, J. A., "Optimal Taxation and Public Production I: Production Efficiency", *American Economic Review*, Vol. 61, No. 1, 1971.

[140] Dunford, R.W., Marti, C.E., Mittelhammer, R.C., "A Case Study of Rural Land Prices at the Urban Fringe Including Subjective Buyer Expectations", *Land Economics*, Vol. 62, No. 1, 1997.

[141] Eckstein, O., "A Survey of the Theory of Public Expenditure and Criteria", In Buchanan, J. ((Ed.)), Public Finance: Needs, Sources and Utilization. Princeton, NJ: Princeton University Press, 1961.

[142] Engle, R. F., Granger, C. W. J., "Co-Integration and Error Correction: Representation, Estimation, and Testing", *Econometrica*, Vol. 55, No. 1, 1987.

[143] Evans, D. J., "Social Discount Rates for the European Union", Working Paper No. 2006−20, Fifth Milan European Economy Workshop, Universita Degli Studi Di Milano, Italy, 2006.

[144] Evans, D., "A Social Discount Rate for France", *Applied Economics Letters*, Vol. 11, No. 13, 2004.

[145] Evans, D., "Social Discount Rates for Six Major Countries", *Applied Economics Letters*, Vol. 11, No. 9, 2004.

[146] Evans, D., "The Elevated Status of the Elasticity of Marginal Utility of Consumption", *Applied Economics Letters*, Vol. 11, No. 9, 2004.

[147] Evans, D., Sezer, H., "A Time Preference Measure of the Social Discount Rate for the UK", *Applied Economics Letters*, Vol. 34, No. 15, 2002.

[148] Fajita, M., "Spatial Patterns of Residential Development", *Journal of Urban Economics*, Vol. 12, No. 1, 1982.

[149] Featherstone, A. M., Baker, T. G., "The Effects of Reduced Price and Income Supports on Farmland Rent and Value", *North Central Journal of Agricultural Economics*, Vol. 10, No. 2, 1988.

[150] Featherstone, A. M., Baker, T. G., "An Examination of Farm Sector Real Asset Dynamics: 1910−1985", *American Journal of Agricultural Economics*, Vol. 69, No. 3, 1987.

[151] Feldstein, M., "The Inadequacy of Weighted Discount Rates", In Layard, R. (Ed.), Cost−Benefit Analysis, Middlesex, UK: Penguin Books, 1972.

[152] Fischel, W. A., Eminent Domain and Just Compensation, *The New Palgrave Dictionary of Economics and the Law*, Macmillan, 1999.

[153] Fisher, B., Turner, R. K., "Ecosystem Services: Classification for Valuation", *Biological Conservation*, Vol. 141, No. 5, 2009.

[154] Freeman, A. M., *The Measurement of Environmental and Resource Values: Theory and Methods*, Resources for the Future, 2003.

[155] Gardner, B. L., "Causes of U.S. Farm Commodity Programs", *Journal of Political Economy*, Vol. 95, No. 2, 1987.

[156] Goodwin, B. K., Mishra, A. K., Ortalo-Magné, F. N., "What's Wrong with Our Models of Agricultural Land Values?", *American Journal of Agricultural Economics*, Vol. 85, No. 3, 2003.

[157] Hanson, S. D., Myers, R. J., "Testing for a Time-Varying Risk Premium in the Returns to U.S. Farmland", *Journal of Empirical Finance*, Vol. 2, No. 3, 1995.

［158］Harberger, A. C., Jenkins, G., *Cost – Benefit Analysis for Investment Decisions*, Queen's University, 2002.

［159］Harberger, A., *Project Evaluation: Collected Papers*, The University of Chicago Press, 1972.

［160］Hardie, I.W., Narayan, T.A., Gardner, B.L., "The Joint Influence of Agricultural and Nonfarm Factors on Real Estate Values: An Application to the Mid-Atlantic Region", *American Journal of Agricultural Economics*, Vol. 83, No. 1, 2001.

［161］Hardie, I. W., Parks, P. J., "Land Use with Heterogeneous Land Quality: An Application of an Area Base Model", *American Journal of Agricultural Economics*, Vol. 79, No. 2, 1997.

［162］Harrod, R., *Towards a Dynamic Economics*, London: Macmillan, 1949.

［163］Heal, G.M., Barbier, E.B., Boyle, K.J., et al., *Valuing Ecosystem Services: Toward Better Environmental Decision Making*, The National Academies Press, 2005.

［164］Hollander, S., Hicks, J., "Mr. Ricardo and the Moderns", *Quarterly Journal of Economics*, Vol. 91, No. 3, 1977.

［165］Hotelling, H., "The Economics of Exhaustible Resources", *Journal of Political Economy*, Vol. 39, 1931.

［166］Jeanty, P. W, Kraybill, D., Libby, L. W., et al., "Effects of Local Development Pressure on Land Prices: A Spatial Econometric Approach", AEA, Meeting, 2002.

［167］Just, R. E., Miranowski, J. A., "Understanding Farmland Price Changes", *American Journal of Agricultural Economics*, Vol. 75, No. 1, 1993.

［168］Klinefelter, D. A., "Factors Affecting Farmland Values in Illinois", *Illinois Agricultural Economics*, Vol. 13, No. 1, 1973.

［169］Koomen, E., Buurman, J., "Economic Theory and Land Price in Land use Modeling", Paper Presented at the 5th AGILE Conference on Geographic Information Science, Palma(Balearic Islands Spain) April 25th–27th, 2002.

［170］Krutilla J. V., "Conservative Reconsidered", *American Economics Review*, Vol. 57, No. 4, 1967.

［171］Kula, E., "An Empirical Investigation on the Social Time Preference Rate for the UK", *Environment and Planning*, Vol. 17, No. 2, 1985.

［172］Kula, E., "Derivation of Social Time Preference Rates for the United States and Canada", *The Quarterly Journal of Economics*, Vol. 99, No. 4, 1984.

［173］Kula, E., "Estimation of a Social Rate of Interest for India", *Journal of Agricultural Economics*, Vol. 55, No. 1, 2004.

［174］Kula, E., "Social Interest Rate for Public Sector Project Appraisal in the UK,

USA and Canada", *Project Appraisal*, Vol. 2, No. 3, 1989.

[175] Lavine, H., Thomsen, C.J., Zanna, M.P., Borgida, E., "On the Primacy of Affect in the Determination of Attitudes and Behavior: The Moderating Role of Affective-Cognitive Ambivalence", *Journal of Experimental Social Psychology*, Vol. 34, No. 4, 1998.

[176] Lence, S.H., Mishra, A.K., "The Impacts of Different Farm Programs on Cash Rents", *American Journal of Agricultural Economics*, Vol. 85, No. 3, 2003.

[177] Lichtenberg, E.R., "Land Quality, Irrigation Development, and Cropping Patterns in the Northern High Plains", *American Journal of Agricultural Economics*, Vol. 71, No. 1, 1989.

[178] Lichtenberg, E.R., "The Role of Land Quality in Agricultural Diversification", Ph.D. Diss., University of California, Berkeley, 1985.

[179] Lind, R., "A Primer on the Major Issues Relating to the Discount Rate for Evaluating National Energy Option", In Lind, R. (Ed.), Discounting for Time and Risk in Energy Policy, Resources for the Future, Washington, D.C., 1982.

[180] Livanis, G., Moss, C.B., Breneman, V.E., Nehring, R.F., "Urban Sprawl and Farmland Prices", *American Journal of Agricultural Economics*, Vol. 88, No. 4, 2006.

[181] Lyon, R., "Federal Discount Rate Policy, the Shadow Price of Capital, and Challenges for Reforms", *Journal of Environmental Economics and Management*, Vol. 18, No. 2, 1990.

[182] Mcconnell, C. R., *Elementary Economics: Principles, Problems, and Policies*, Second Edition, New York: McGraw-Hill, Vol. 22, 1963.

[183] McMillen, D. P., McDonald, J. F., "Selectivity Bias in Urban Land Value Functions", *Land Economics*, Vol. 65, No. 4, 1989.

[184] Melichar, E., "Capital Gains versus Current Income in the Farming Sector", *American Journal of Agricultural Economics*, Vol. 61, No. 5, 1979.

[185] Michelman, Frank I., "Property, Utility, and Fairness: Comments on the Ethical Foundations of Just Compensation Law", *Harvard Law Review*, Vol. 80, No. 6, 1967.

[186] Mills, E.S., "An Aggregative Model of Resource Allocation in a Metropolitan Area", *American Economic Review*, Vol. 57, No. 2, 1969.

[187] Mishan, E., "Criteria for Public Investment: Some Simplifying Suggestions", *Journal of Political Economy*, Vol. 75, No. 2, 1969.

[188] Muth, R., *Cities and Housing*, Chicago: University of Chicago Press, 1969.

[189] Newbery, D., "Long-Term Discount Rates for the Forest Enterprise", Paper Commissioned by The Department of Forestry, Forestry Commission, Edinburgh, 1992.

[190] Nordhaus, W., "Rolling the 'DICE': An Optimal Transition Path for Controlling

Greenhouse Gases", *Resource and Energy Economics*, Vol. 15, No. 1, 1993.

[191] Pagiola, S., Ritter, V. K., Bishop, J., *How Much is an Ecosystem Worth? Assessing the Economic Value of Conservation*, The World Bank, 2004.

[192] Palmquist, R. B., "Land as a Differentiated Factor of Production: A Hedonic Model and Its Implications for Welfare Measurement", *Land Economics*, Vol. 65, No. 1, 1989.

[193] Pasinetti, L., *A Mathematical Formulation of the Ricardian System*, In Growth and Income Distribution: Essays in Economic Theory, Cambridge University Press, 1975.

[194] Pearce, D., Ulph, D., "A Social Discount Rate for the United Kingdom", CSERGE Working Paper GEC 95 - 01, Centre for Social and Economic Research on the Global Environment", University of East Anglia, Norwich, UK, 1995.

[195] Pearce, D. W., Markandya, A., "Marginal Opportunity Cost as a Planning Concept in Natural Resource Management", *The Annals of Regional Science*, Vol. 21, No. 3, 1987.

[196] Pejovich, S., *The Economics of Property Rights: Towards a Theory of Comparative Systems*, Kluwer Academic Publishers, 1990.

[197] Percoco, M., "A Social Discount Rate for Italy", *Applied Economics Letters*, Vol. 15, No. 1, 2008.

[198] Phipps, T. T., "Land Prices and Farm-Based Returns", *American Journal of Agricultural Economics*, Vol. 66, No. 4, 1984.

[199] Pigou, A. C., *The Economics of Welfare*, Macmillan, 1920.

[200] Plantinga, A. J., Lubowski, R. N., Stavins, R. N., "The Effects of Potential Land Development on Agricultural Land Prices", *Journal Urban Economics*, Vol. 52, No. 3, 2002.

[201] Plantinga, A. J., Miller, D., "Agricultural Land Values and Future Development", *Land Economics*, Vol. 77, No. 1, 2001.

[202] Plato, *The Republic*, Book II, Random House Inc, 1991.

[203] Ramsey, P. F., "A Mathematical Theory of Saving", *Economic Journal*, Vol. 38, No. 152, 1929.

[204] Reynolds, J. E., Timmons, J. F., "Factors Affecting Farmland Value in the United States", *Iowa State University Agricultural Experiment Station Research Bulletin*, No. 566, 1969.

[205] Robbins, *An Essay on the Nature and Significance of Economic Science*, Second Edition, St. Martin's Press, 1935.

[206] Samuelson, P. A., "A Modern Treatment of the Ricardian Economy: II. The Pricing of Goods and of Labor and Land Services", *Quarterly Journal of Economics*, Vol. 73, No. 2, 1959.

［207］Samuelson, P. A., "The Canonical Classical Model of Political Economy", *Journal of Economic Literature*, Vol. 16, No. 4, 1978.

［208］Sandmo, A., Drèze, J., "Discount Rates for Public Investment in Closed and Open Economies", *Economica*, Vol. 38, No. 152, 1971.

［209］Scott, M., "The Test Rate of Discount and Changes in Base Level Income in the United Kingdom", *The Economic Journal*, Vol. 87, No. 346, 1979.

［210］Scott, M., *A New View of Economic Growth*, Oxford, UK: Clarendon Press, 1989.

［211］Sen A., *Development as Freedom*, Oxford, Oxford University Press, 1999.

［212］Shaik, S., Helmers, G. A., Atwood, J. A., "The Evolution of Farm Programs and Their Contribution to Agricultural Land Values", *American Journal of Agricultural Economics*, Vol. 87, No. 5, Proceedings Issue, 2005.

［213］Shalit, H., Schmitz, A., "Farm Land Accumulation and Prices", *American Journal of Agricultural Economics*, Vol. 64, No. 4, 1982.

［214］Scharlach, W.C., Schuh, G.E., "The Land Market as a Link Between the Rural and Urban Sectors of the Economy", *Journal of Farm Economics*, Vol. 40, No. 5, 1962.

［215］Shi, Y.J., Phipps, T.T., Colyer, D., "Agricultural Land Values under Urbanizing Influences", *Land Economics*, Vol. 73, No. 1, February 1997.

［216］Solow, R. M., "Intergenerational Equity and Exhaustible Resources", *Review of Economic Studies*, Vol. 41, No. 5, 1974.

［217］Stern, N., *The Economics of Climate Change: The Stern Review*, Cambridge University Press, 2006.

［218］Stewart, Patrick A., Libby, Lawrence W., "Determinants of Farmland Value: The Case of DeKalb County, Illinois", *Review of Agricultural Economics*, Vol. 20, No. 1, 1998.

［219］Tegene, A., Kuchler, F., "A Regression Test of the Present Value Model of U.S. Farmland Prices", *Journal of Agricultural Economics*, Vol. 44, No. 1, 1993.

［220］Traill, W.B., "Land Values and Rents: The Gains and Losses from Farm Price Support Programmes", *Bulletin Department of Agricultural Economics*, No. 175, 1980.

［221］Weersink, A., Clark, J.S., Turvey, C.G., et al., "The Effect of Agricultural Policy on Farmland Values", *Land Economics*, Vol. 75, No. 3, 1999.

［222］Weisensel, W. P., Schoney, R. A., Kooten, G. C., "Where Are Saskatchewan Farmland Prices Headed", *Canadian Journal of Agricultural Economics*, Vol. 36, No. 1, 1988.

［223］Wheaton, W.C., "Urban Residential Growth under Perfect Foresight", *Journal of Urban Economics*, Vol. 12, No. 1, 1982.

［224］Wicksteed, P.H., "The Scope and Method of Political Economy in the Light of the "Marginal" Theory of Value and Distribution", *The Economic Journal*, Vol. 24, No. 93, March 1914.

[225] Xue, M., "Compensation Method and Rational Standard of Arable Land Expropriation", *Asian Agricultural Research*, Vol. 1, No. 3, 2009.

[226] Young, A., "Gold into Base Metals: Productivity Growth in the People's Republic of China during the Reform Period", *Republic of China during the Reform Period*, Vol. 111, No. 6, 2000.

[227] Zbinden, S., Lee, D. R., "Paying for Environmental Services: An Analysis of Participation in Costa Rica's PSA Program", *World Development*, Vol. 33, No. 2, 2005.

策划编辑：郑海燕
责任编辑：孟　雪
封面设计：曹　妍
责任校对：周晓东

图书在版编目（CIP）数据

土地租金价格的现代解读/宋文飞 著. —北京：人民出版社，2021.12
ISBN 978－7－01－023980－4

Ⅰ.①土…　Ⅱ.①宋…　Ⅲ.①农村-土地资源-租金-研究-中国
Ⅳ.①F321.1

中国版本图书馆 CIP 数据核字（2021）第 237215 号

土地租金价格的现代解读

TUDI ZUJIN JIAGE DE XIANDAI JIEDU

宋文飞　著

人民出版社 出版发行

（100706　北京市东城区隆福寺街 99 号）

北京建宏印刷有限公司印刷　新华书店经销

2021 年 12 月第 1 版　2021 年 12 月北京第 1 次印刷
开本：710 毫米×1000 毫米 1/16　印张：9.75
字数：113 千字

ISBN 978－7－01－023980－4　定价：50.00 元

邮购地址 100706　北京市东城区隆福寺街 99 号
人民东方图书销售中心　电话（010）65250042　65289539